Guia-nos para a Luz

Guia-nos para a Luz

Coletânea de ensinamentos da
Sri Mata Amritanandamayi

Compilada por Swami Jnanamritananda

Mata Amritanandamayi Center, San Ramon
Califórnia, Estados Unidos

Guia-nos para a Luz
Coletânea de ensinamentos de Sri Mata Amritanandamayi
Compilado por Swami Jnanamritananda

Publicado por:
  Mata Amritanandamayi Center
  P.O. Box 613
  San Ramon, CA 94583
  Estados Unidos

———————— *Lead us to the Light (Portuguese)* ————————

Primeira edição em português por MA Centro: abril 2016

No Brasil: www.ammabrasil.org
Em Portugal: www.ammaportugal.org
Em Índia:
  www.amritapuri.org
  inform@amritapuri.org

Asatoma sadgamaya
Tamasoma jyotirgamaya
Mrityorma amritamgamaya
Om shantih shantih shantih

Ó Supremo Ser,
Guia-nos do irreal para o real,
Das trevas para a luz,
E da morte para a imortalidade.
Om, Paz, Paz, Paz.

Brihadaranyaka Upanixade (1:3:28)

Índice

Prefácio

O presente texto é uma tradução do original em malaiala *Jyotir-gamaya*, uma compilação das mensagens mensais da Amma sob a forma de perguntas e respostas publicadas na revista *Matruvani*, ao longo de uma década.

Cada palavra da Amma espalha a luz do conhecimento e remove as nuvens de confusão que possam ter se acumulado na mente de seus filhos. Algumas conversas têm um tópico particular central. Outras referem-se a várias dúvidas que surgem na mente dos ouvintes. A Mãe dá respostas adequadas a todas elas. Seu único objetivo é o progresso espiritual de seus filhos.

O questionamento é um sinal de que a mente está se desenvolvendo, mas, se as dúvidas não forem removidas, prejudicarão o progresso do indivíduo e por isso devem ser esclarecidas imediatamente. Apenas dessa forma o avanço será possível. As palavras de um *mahatma* (grande alma) certamente eliminarão a confusão dos que anseiam pelo conhecimento espiritual.

Cada palavra proferida pela Mãe ilumina o caminho. Nas páginas seguintes, poderemos ler suas respostas a perguntas e dúvidas que assolam o mundo atual, respostas nascidas da força de uma razão perfeita e da autoridade de sua experiência.

Swami Jnanamritananda
Amritapuri, 24 de agosto de 2000.

Com a Amma na praia

Uma noite com a Amma na praia

O som reverberante de uma concha sinalizava o encerramento do *darshan*[1] de Devi Bhava. Eram duas horas da manhã. Os residentes do *ashram* haviam trabalhado o dia todo carregando areia para aterrar uma área ocupada pelas águas do canal. A Amma também participara do trabalho, entusiasmando a todos. Naquele dia, Ela tinha dado o *darshan* na grande choupana e, depois de quase duas horas, havia saído novamente às cinco da tarde para cantar canções devocionais e dar o *darshan* de Devi Bhava.

Depois de muitas horas, Ela pôde se levantar afinal, tendo abraçado a todos. Ao invés de ir para Seu quarto, contudo, a Amma caminhou direto para a beira do canal. Nem toda a areia recolhida havia sido usada e, na manhã seguinte, outra barcaça chegaria trazendo mais areia. Os residentes e os devotos correram para carregar areia junto com a Amma.

Para aqueles que a conhecem ao menos um pouco, não é novidade vê-la trabalhando tanto, sem parar para comer ou dormir. Mas Mark, que tinha acabado de chegar da Alemanha para visitar a Amma pela primeira vez, não conseguia suportar a cena. Tentou tirar o saco de areia dos braços dela várias vezes. Será que ela jamais cederia?

---

[1] *Darshan* é o programa durante o qual a Amma recebe e abençoa cada pessoa que se aproxima dela (normalmente milhares de pessoas por dia).

Em um pequeno intervalo durante o trabalho, a Amma pediu a Mark que se aproximasse. Assim que pousou o olhar sobre sua face gloriosa, os olhos do rapaz encheram-se de lágrimas.

— "Filho, a Amma[2] ainda não teve a oportunidade de trocar uma palavra com você até agora. Você está triste por isso?", ela perguntou.

— "Não estou triste porque a senhora não falou comigo. Estou assim por ver a senhora e seus filhos trabalharem tão arduamente. Amma, com a sua bênção, eu lhe darei todo o meu dinheiro. Quero apenas que descanse em vez de trabalhar dessa forma dia e noite"!

A Mãe riu com a resposta de Mark.

Amma – Filho, isso aqui é um *ashram* e não uma colônia de férias. Este é um lugar para aqueles que praticam o auto-sacrifício. Os residentes do *ashram* têm que se esforçar muito em prol do ideal deles. Isso é o paraíso para aqueles que têm inclinação espiritual. Esses filhos têm trabalhado muito há tempos, contudo nada disso lhes parece rigoroso. Desde o princípio, quando aqui chegaram, a Mãe lhes disse que teriam que ser como velas. Uma vela permite-se derreter de maneira a prover luz aos outros. Da mesma forma, nosso sacrifício é luz para o mundo. É a luz do Eu Superior.

Pense em quantas pessoas estão sofrendo neste mundo. Pense em todas as pessoas doentes e pobres que vivem com dor, sem dinheiro para pagar um tratamento ou para comprar remédios; muitos não têm nada e lutam desesperadamente para sobreviver, incapazes de conseguir sequer uma única refeição. E existem ainda tantas crianças que têm que interromper os estudos porque as famílias não têm como pagar a escola. Podemos usar o que economizamos de nossos salários para ajudar as pessoas em necessidade. Em nosso orfanato, há cerca de quinhentas crianças.

---

[2] A Amma (Mãe) costuma se referir a si mesma na terceira pessoa.

Temos que estar dispostos a ajudar os outros, mesmo que isso signifique passar por algumas dificuldades. Todos gostam de um emprego que requer apenas ficar sentado num escritório, mas ninguém quer fazer este tipo de trabalho. Não deveríamos ser exemplos para os outros? Sri Krishna não disse no *Bhagavad Gita* que "ioga é equanimidade"? Nós deveríamos ver qualquer tipo de trabalho como uma forma de adorar a Deus. Se esses filhos vêem a Amma fazer esse tipo de trabalho hoje, não hesitarão em fazer qualquer tipo de trabalho amanhã. O Eu Superior é eterno. Para conhecer o Eu Superior, você tem que erradicar totalmente a consciência identificada com a matéria. Contudo, isso só é possível através da renúncia. Aqueles que vivem de forma desapegada do ego podem transformar qualquer situação em algo favorável.

Filho, quem consegue fazer práticas espirituais vinte e quatro horas por dia? O tempo que sobra depois das práticas espirituais deve ser usado em boas ações. Isso ajudará a diminuir o fluxo de pensamentos. Esse mundo que você vê é verdadeiramente o corpo do *satguru* (mestre espiritual realizado). Amar o Mestre é trabalhar de acordo com as orientações dele. O trabalho abnegado também é uma forma de prática espiritual. Aqueles que levam uma vida totalmente abnegada não precisam de qualquer outra prática espiritual. Filho, apenas através da renúncia pode-se alcançar a imortalidade.

Pergunta – Deus não nos deu esse corpo e criou os objetos do mundo para que pudéssemos desfrutá-los e sermos felizes?

Amma – Se você dirigir o carro como bem entender, sem se preocupar com as normas de trânsito, provavelmente sofrerá um acidente e poderá até morrer. Existem regras de trânsito que devem ser seguidas. Deus não só criou todas as coisas; Ele também determinou regras para tudo, e temos que viver de acordo com elas ou poderemos nos arrepender. Coma só o que for necessário. Fale somente o que for necessário. Durma somente o necessário. Ocupe o tempo restante com boas ações. Não perca um momento sequer em sua vida. Tente torná-la benéfica aos outros também. Se comer todo o chocolate que desejar, terá dor de estômago. Qualquer coisa em exagero causará problemas. Temos que entender que a felicidade terrena causa sofrimento.

Pergunta – Não é Deus quem nos impele a fazer tudo?

Amma – Deus nos deu inteligência – a inteligência para usar nosso discernimento. Deveríamos utilizar essa inteligência e agir com discernimento. Deus também criou o veneno, mas ninguém beberia veneno sem ter um motivo. Em uma situação como essa, não hesitamos em usar nosso discernimento. Temos que pesar cada uma de nossas ações da mesma maneira.

Pergunta – Mãe, aqueles que se rendem a um mestre espiritual não são pessoas fracas?

Amma – Quando você aperta o botão de um guarda-chuva, ele abre. Ao dobrar a cabeça diante de um mestre espiritual, sua mente pode ser transformada na Mente Universal. Essa obediência e humildade não são sinais de fraqueza. Assim como um filtro purifica a água, o mestre purifica a sua mente e remove seu ego. As pessoas tornam-se escravas dos próprios egos em todas as situações e não agem com discernimento.

Uma noite, um ladrão arrombou uma casa, mas, assim que entrou, acordou os moradores, e logo todos saíram correndo atrás dele, atraindo uma multidão que gritava: "Ladrão! Lá vai o ladrão! Peguem-no!" O bandido então se misturou às pessoas, gritando o mais alto possível: "Ladrão! Ladrão!" Da mesma maneira, nosso ego nos acompanha em todos os momentos. Mesmo quando Deus nos dá oportunidades de descartar o ego, nós o alimentamos e o transformamos em nosso companheiro. As pessoas raramente tentam se livrar do ego tornando-se humildes.

Hoje em dia, a mente das pessoas é muito frágil, como uma planta que cresce em um vaso. Se a planta não for regada diariamente, ela murcha. É impossível dominar a mente sem disciplina e sem observar determinadas regras. Enquanto você não tiver dominado sua mente, precisará seguir certas regras e restrições, de acordo com as orientações do mestre. Uma vez que tenha assumido esse controle, não haverá coisa alguma a temer, pois o poder de discernimento terá sido despertado em você e o guiará.

Certa vez, um homem saiu à procura de um mestre. Buscava um guru que o guiasse segundo os próprios desejos, mas nenhum guru queria fazer isso, e o sujeito não aceitava qualquer norma deles. Por fim, ele se cansou e se deitou no campo para descansar. Ele pensou: "Não existe guru que possa guiar-me do jeito que eu quero. Recuso-me a ser escravo de alguém! O que quer que eu escolha fazer, não é Deus quem me leva a querer fazê-lo, afinal de contas?" Ele viu um camelo ao lado, balançando a cabeça. "Ah, sim! Existe alguém adequado para ser meu mestre!", pensou. "Camelo, você será meu mestre?", perguntou, e o camelo balançou a cabeça.

O homem adotou o camelo como mestre. "Mestre, posso levá-lo para casa?", perguntou. O camelo balançou a cabeça novamente. O homem o levou para casa e o amarrou a uma árvore. Alguns dias se passaram. "Mestre, estou apaixonado por uma garota. Posso casar-me com ela?", perguntou. O camelo balançou a cabeça. "Mestre, eu não tenho filhos." O camelo balançou a cabeça de novo, e as crianças nasceram.

"Posso beber um pouco com meus amigos?", o homem perguntou ao camelo, que balançou a cabeça. Logo, tornou-se alcoólatra e começou a discutir com a esposa. "Mestre, minha mulher está me chateando. Posso matá-la?", ele perguntou ao camelo. Este mais uma vez balançou a cabeça, e o homem matou a esposa. A polícia então o deteve, e foi condenado à prisão perpétua.

Filho, se você achar um guru que o deixe fazer qualquer coisa que deseje, ou se viver apenas da maneira que apreciar, acabará em apuros. Todos nós temos uma inteligência discernidora, dada por Deus. Devemos usá-la em nossas ações. Devemos seguir as palavras do mestre. Um verdadeiro mestre vive somente para o bem dos próprios discípulos.

Apenas a não-dualidade é real. Mas isso não é algo para ser explicado em palavras. É a vida propriamente dita. É uma experiência; algo que tem que vir de dentro. Quando a flor desabrocha, uma fragrância emana naturalmente.

Pergunta – Não entendo o que há de errado em usufruir dos objetos dos sentidos que Deus criou. Deus não nos deu os sentidos justamente para que desfrutássemos essas coisas?

Amma – Como a Amma já disse, existem regras e limites para tudo, e devemos viver em harmonia com essas regras. Tudo tem sua própria natureza intrínseca. Deus não nos deu somente os sentidos, mas também a capacidade inteligente de discernir. Aqueles que não usam o poder de discernimento e que, em vez disso, correm atrás dos prazeres nunca encontrarão paz ou felicidade. Vão acabar sempre sofrendo.

Certa vez, um viajante chegou a um país estrangeiro. Era a primeira viagem dele, e as pessoas lhe pareciam totalmente estranhas. Não conhecia a língua, os costumes ou os hábitos alimentares. Passeou pelas ruas apreciando a vista até que chegou a um mercado abarrotado de gente. Havia muitas frutas de diferentes cores e tamanhos, que ele nunca vira antes. Percebeu uma fruta

em particular que a maior parte das pessoas comprava. Imaginou-
-a muito suculenta e doce, portanto comprou um saco inteiro.
O homem sentou-se sob uma árvore, pegou uma das
frutas do saco e mordeu-a, mas não era nem um pouco doce!
Queimava a boca como fogo! Ele provou a polpa, que também
ardia. Achando que a outra ponta da fruta por certo seria doce,
mordeu-a também. Mas era igualmente ardida. Ele tentou outra
fruta. Queimava como fogo. Achava que pelo menos uma seria
doce e tentou comer mais uma. Também era picante, não tinha
qualquer coisa de doce. Ele se recusava a desistir. Lágrimas des-
ciam de seus olhos, mas obstinadamente continuou comendo
as frutas, esperando encontrar pelo menos uma que fosse doce e
suculenta; por fim, ele as devorou todas. O pobre homem estava
em agonia! Desejava o sabor doce, mas tudo o que conseguiu
foi um fogo ardente que o queimava. O que pensava que fossem
frutas doces, eram na verdade pimentas vermelhas! Não teriam
sido um problema, se ele as jogasse fora após provar uma ou duas.
Não era necessário sofrer assim. Mas na esperança de encontrar
o sabor adocicado que tanto almejava, continuou comendo até
a última. Portanto, sofreu. A queimação ardente é a natureza
da pimenta vermelha. O único prazer que elas lhe deram fora o
prazer externo de admirá-las.

As pessoas procuram a felicidade em coisas cuja essência
natural não é de maneira alguma a felicidade. Elas vão de um
objeto a outro. É apenas uma ilusão da mente pensar que se
pode conseguir felicidade de algum objeto externo. Na verdade,
nada externo pode nos trazer felicidade. A felicidade que você
busca existe dentro de você. Deus nos deu um corpo, sentidos
e inteligência para que possamos aprender essa lição e buscar a
verdadeira fonte de bem-aventurança. Se usarmos nossos sentidos
indiscriminadamente, experimentaremos somente o sofrimento,
em vez da felicidade que esperamos.

O corpo e os sentidos podem ser usados de duas formas diferentes. Se nos esforçarmos para conhecer Deus, poderemos usufruir a beatitude eterna, mas, se apenas corrermos atrás dos prazeres dos sentidos, nossa experiência será idêntica à do viajante que buscava doçura em pimentas vermelhas.

Se corrermos atrás dos prazeres dos sentidos sem nos conscientizarmos de que a natureza inerente deles é o sofrimento, teremos que sofrer a miséria que advém desses prazeres. Se entendermos a natureza essencial dos objetos externos, não seremos debilitados pelo sofrimento.

As ondas do mar crescem até certa altura, para logo depois quebrarem na praia. Elas não podem permanecer no alto. Da mesma forma, a pessoa que avidamente busca objetos externos, esperando encontrar assim a felicidade, acaba mergulhando em sofrimento. A mente se projeta em busca de felicidade, mas não encontra o prazer verdadeiro, apenas o sofrimento. Com disso, podemos aprender que a felicidade não pode ser encontrada externamente.

A busca pela felicidade no mundo material faz com que as pessoas sofram e percam a paz interior. Isso não afeta somente o indivíduo, mas a sociedade como um todo. Por causa de a humanidade procurar pela felicidade nas coisas externas, o amor verdadeiro desapareceu. A alegria e a paz sumiram da vida familiar. As pessoas perderam a capacidade de amar e de servir os outros com o coração aberto. Os maridos desejam outras mulheres, as esposas desejam outros homens. A coisa foi tão longe que certos homens, no desejo excessivo pelo prazer, esquecem que as próprias filhas são filhas deles. Até mesmo o conceito de irmão-irmã está se partindo em pedaços. Inúmeras crianças são assassinadas. A razão para todo o mal que se vê no mundo hoje é a idéia completamente falsa de que a felicidade pode ser encontrada externamente.

A Amma não está dizendo que vocês devem se negar os prazeres, mas que devem reconhecer a natureza verdadeira deles. Nada deve ser feito em excesso. O *dharma*[3] nunca deve ser deixado de lado. O *adharma* deve ser eliminado. Para os que buscam apenas os prazeres egoístas e vivem sem qualquer disciplina, o resultado será a ruína. É natural que desejos e emoções apareçam na mente, mas algum controle é necessário. É natural sentir fome, mas não comemos toda vez que vemos algo comestível. Se o fizéssemos, ficaríamos doentes. O anseio por prazeres excessivos leva ao sofrimento, e as pessoas não se dão conta disso. O prazer que conseguem através dos sentidos, na verdade, vem de dentro delas. As pessoas perseguem freneticamente a felicidade externa até sucumbirem a um estado de sofrimento e desespero; depois a perseguem de novo e, mais uma vez, desmoronam. Se você buscar somente os prazeres exteriores, não encontrará paz na vida. Você tem que aprender a olhar para dentro, pois é ali que a verdadeira bem-aventurança pode ser encontrada. Contudo, não descobrirá essa bem-aventurança enquanto os pulos de sua mente ao exterior não cessarem, e ela ficar quieta. Nas profundezas do oceano não existem ondas. Você verá que a mente automaticamente se torna calma quando você entra nas profundezas dela. Então, há apenas êxtase.

Pergunta – Mestres espirituais parecem dar mais importância ao coração do que ao intelecto. Mas, na verdade, o intelecto não é

---

[3] Em sânscrito, *dharma* significa "aquilo que sustenta [a Criação]". Mais comumente, é usado para indicar aquilo que é responsável pela harmonia do Universo. *Dharma* possui muitos significados, entre eles, a divina lei, a lei da existência, eqüidade, religião, dever, responsabilidade, virtude, justiça, o bem e a verdade. O *dharma* significa os princípios essenciais da religião. Uma definição bastante conhecida para *dharma* é ser aquilo que leva ao desenvolvimento espiritual e ao bem-estar geral de todos os seres da Criação. *Adharma* é o oposto de *dharma*.

17

o mais importante? Como uma pessoa pode alcançar qualquer objetivo sem o intelecto?

Amma – O intelecto é necessário. A Amma nunca disse que você não precisa dele. Mas o intelecto freqüentemente não funciona em uma pessoa quando a ocasião pede uma boa ação. Quem toma a frente é o egoísmo, e não o intelecto dotado de discernimento. O coração e o intelecto não são duas coisas separadas. Quando você tem um intelecto que sabe discernir, você se torna naturalmente expansivo. A partir dessa expansão, o espírito de inocência, o compromisso, a humildade e a cooperação surgirão naturalmente. A palavra "coração" é sinônima dessa expansão. Até mesmo a mera pronúncia da palavra "coração" já nos faz sentir uma carinhosa sensação de conforto. Entretanto, na maioria das pessoas hoje em dia, vemos somente um intelecto comum e não um intelecto com capacidade de discernimento. O que vemos não é realmente o intelecto, mas o ego, que é a causa de todo o sofrimento na vida. À medida que o ego cresce, a capacidade de expansão da pessoa diminui, e o espírito de comprometimento desaparece. Não se sobrevive sem essas qualidades, tanto na vida espiritual quanto na vida material.

Permita que a Amma lhe faça uma pergunta, filho. Suponha que você determine certas regras em sua família: "Minha esposa deve viver dessa forma, falar desse jeito e se comportar dessa maneira, porque ela me pertence." Poderá haver paz em sua casa, se você insistir para que ela viva de acordo com essas regras? Não! Suponha que você chegue do trabalho, não dirija uma palavra a sua esposa ou a seus filhos, vá direto para o quarto e continue a trabalhar, como se fosse um profissional em seu escritório. A sua família ficará satisfeita? Se você disser que esse simplesmente é o seu jeito de ser, eles serão capazes de aceitar esse fato? Haverá paz?

Se, em vez disso, você cumprimentar calorosamente sua esposa, passar algum tempo com seus filhos e estiver disposto a dar um pouco de si, não sendo tão unilateral, todos ficarão satisfeitos. Quando toleramos e perdoamos os defeitos e as limitações dos outros, há paz e felicidade na família. Quando você lida com as limitações do seu parceiro de forma branda, é devido ao seu amor por aquela pessoa. Mesmo que o ser amado cometa erros, você ainda o ama. Nesse caso, você não está dando maior importância ao coração? Não é por considerarem seus corações como um só que vocês se dispõem a passar a vida juntos? Essa é a atitude que a Amma chama de "coração".

Seria prático insistir em uma lista de regras em nosso comportamento com nossos filhos? Será que cederão ao que nós gostamos ou repudiamos? Não vão reagir com rebeldia? Toleramos os erros de nossos filhos e os educamos adequadamente porque os amamos. Portanto, o coração é mais importante do que o intelecto, não é mesmo? Quando isso acontece, sentimos alegria em todos os momentos com nossos filhos e os fazemos felizes.

Somente quando um coração está aberto para outro se pode experimentar a felicidade na vida familiar. Se for permitido ao intelecto eclipsar o papel do coração, não será possível experimentar qualquer felicidade. Podemos usar o intelecto no comércio ou no trabalho, porque ali ele é requisitado. Mas isso não vai funcionar na família. Até mesmo no escritório, são necessários certa generosidade e compromisso. Se ignorarmos isso, haverá apenas discórdia e infelicidade.

Quando damos ao coração um espaço em nossas vidas, surge dentro de nós a atitude de comprometimento, a flexibilidade de "dar e receber". Com o poder de discernimento, surgirão naturalmente a expansividade, o espírito de cooperação e o compromisso. Hoje em dia, o intelecto das pessoas fica somente confinado ao egocentrismo. O poder de discernimento das pessoas não foi desenvolvido. Isto é uma grande deficiência na vida das pessoas.

É difícil para a sociedade progredir sem cooperação. O espírito de cooperação leva à paz.

Assim como precisamos colocar óleo em uma máquina enferrujada para que funcione bem, também o progresso constante em nossas vidas depende da presença essencial do espírito de cooperação e da humildade. Mas essas qualidades só surgirão dentro de nós se desenvolvermos nossos corações. Existem situações onde nosso intelecto é necessário, mas somente nesses casos ele deve ser usado. Em todos os momentos em que o coração deve ter um lugar de destaque, não devemos deixar de conceder-lhe tal posição.

Ao construir um prédio, quanto mais profundo for o alicerce, mais alto ele poderá ser. De forma análoga, nossa humildade e nossa generosidade constituem o alicerce de nosso progresso. Quando damos ao coração um lugar proeminente em nossas vidas, a humildade e o espírito de cooperação se desenvolvem dentro de nós, e nossos relacionamentos tornam-se positivos e pacíficos.

A meta da espiritualidade também inclui a abertura do coração, porque somente aqueles que são generosos poderão conhecer a Deus. A essência do Eu Superior reside além da lógica e do intelecto. Não importa quanto açúcar você coma, não poderá explicar como é doce para alguém que nunca o tenha provado. As palavras tampouco podem descrever o céu infinito. Você não pode medir a fragrância de uma flor. A espiritualidade está além das palavras. Você não poderá saborear a doçura dela se não for além do intelecto e chegar até o coração.

Existe uma história de um pobre agricultor que, ao sair de casa, viu passando uma multidão. Ao perguntar às pessoas aonde iam, elas disseram: "Haverá um seminário de três dias sobre o 'Bhagavad Gita' aqui perto. Estamos todos indo para lá". Como o agricultor também queria escutar a palestra, juntou-se ao grupo. Quando chegou, o lugar estava cheio. A maioria dos participantes era abastada e usava roupas e jóias caras. O agricultor estava sujo por causa do trabalho e trajava velhas roupas encardidas. As pessoas na porta se recusaram a deixá-lo entrar. O agricultor ficou muito chateado e orou: "Senhor, eu vim escutar Sua história, mas essas pessoas não me deixaram entrar. Serei tão sem importância que nem mereço escutar? Serei tamanho pecador? Bem, se essa é a Sua vontade, que assim seja. Ficarei aqui fora e escutarei Suas aventuras de qualquer maneira." Ele se sentou debaixo de uma mangueira e ouviu a palestra através dos alto-falantes. Contudo, não entendeu coisa alguma, pois tudo era transmitido em sânscrito. "Senhor! Não posso nem entender Sua língua! Que grande pecador devo ser!" Naquele momento, os olhos do homem se dirigiram para um grande cartaz na sala de entrada. A imagem retratava Krishna em uma carruagem segurando as rédeas em uma das mãos, explicando as lições do 'Bhagavad Gita' para Arjuna, que estava sentado atrás dele.

O agricultor ficou ali sentado admirando a divina face de Krishna. Seus olhos se encheram de lágrimas, e ele não percebeu o tempo passar. Quando finalmente ergueu os olhos, a palestra havia terminado e os participantes estavam partindo. Ele então foi para casa.

No dia seguinte, retornou ao local, pois não conseguia parar de pensar no rosto de Krishna. O único objetivo dele era sentar-se debaixo da árvore e olhar a gravura. No terceiro dia de palestra, ele também foi ao templo e sentou-se sob a mesma árvore, observando hipnotizado a imagem do Senhor. Os olhos do agricultor transbordaram de lágrimas. Ele sentia a forma do Senhor brilhando dentro dele com todo o esplendor. Fechou os olhos e permanceu ali sentado vislumbrando Sri Krishna, esquecendo-se de si mesmo.

A multidão se dispersou após a palestra. Quando saiu, o erudito que havia proferido o discurso viu o lavrador imóvel sob a mangueira. Lágrimas escorriam em sua face. Atônito, o erudito pensou: "Por que esse homem está aqui chorando, mesmo depois do final da palestra? Será que ficou tão emocionado assim?" Aproximou-se do agricultor, que continuava calado. Pela expressão no rosto, estava claro que transbordava em bem-aventurança. Havia uma aura de perfeita paz em volta dele.

O erudito despertou o agricultor e perguntou: "Você gostou tanto assim da palestra?" O lavrador replicou: "Eu não entendi uma só palavra do que o senhor disse durante esses três dias! Eu não conheço sânscrito, mas quando penso na condição de Krishna, fico tomado por tristeza. Ele não disse todas aquelas coisas enquanto olhava para trás? Seu ombro deve ter doído muito para que Ele mantivesse a cabeça virada daquele jeito! É por isso que estou chorando." Conta-se que o agricultor atingiu a iluminação enquanto proferia aquelas palavras. A compaixão e a inocência dele o tornaram apto à Auto-realização.

Enquanto escutava as palavras do agricultor, os olhos do erudito encheram-se de lágrimas e ele sentiu uma paz que nunca havia experimentado. O homem que proferira a palestra era muito inteligente, assim como as pessoas na platéia. Mas havia sido o pobre e inocente lavrador que fora capaz de saborear a doçura da devoção tornando-se pronto para a realização final. Ele foi um exemplo de compaixão despida de egoísmo. A dor dele nada tinha a ver consigo mesmo, mas sim com o sofrimento de Krishna.

Quando as pessoas visitam um templo, freqüentemente oram pedindo uma coisa ou outra, mas o agricultor experimentou uma compaixão que estava acima disso tudo. Não havia ego nele. Normalmente, é difícil se livrar do sentido do "eu", contudo, em razão da inocência, ele perdeu a noção de "eu". Ele experimentou o mais alto estado de *parabhakti* (devoção suprema). Estava preparado para isso, porque, ao contrário dos outros que estavam operando com o intelecto, ele agiu com o coração. Por isso, mergulhou no estado de bem-aventurança sem esforço, espontaneamente, e foi capaz de irradiar paz para os que estavam em volta. É através de nossos corações que devemos tentar conhecer Deus, pois é ali que Ele brilha. Deus vive em nossos corações. O fluxo das palavras da Amma diminuiu até fundir–se num mar de silêncio. Seus olhos, cheios de lágrimas de bem-aventurança, fecharam-se vagarosamente. As lágrimas umedeceram aquele rosto de compaixão. Havia um pequeno grupo de devotos sentados à Sua volta. Ninguém pronunciou uma palavra sequer. Mark ficou em silêncio e fechou os olhos em meditação. Todos os outros que estavam por perto pararam o que faziam, juntaram-se ao pequeno grupo e sentaram-se em torno da Mãe. Nessa atmosfera de pura bem-aventurança, os pensamentos se acalmaram e as mentes se dissolveram em uma experiência sublime e inefável.

Mais tarde, a conversa continuou:

Pergunta – Se o desejo de uma pessoa de servir o mestre é maior do que o seu desejo pela Auto-Realização, o mestre estará com essa pessoa durante todas as futuras vidas dela?

Amma – Se esse for o desejo de um discípulo que se entregou completamente ao mestre, então o mestre definitivamente estará com ele. Mas o discípulo não deve desperdiçar um só segundo e deve ser como um bastão de incenso que se consome para espalhar fragrância aos outros. Cada respiração do discípulo deve ser para o bem do mundo. Em cada ação, o discípulo deve demonstrar uma atitude de serviço ao mestre. Aquele que se refugia completamente junto a um mestre espiritual não tem mais encarnações para viver, a não ser que o mestre reserve a essa alma um novo nascimento.

Existem muitos tipos de professores. Existem aqueles que dão orientações depois de estudar as escrituras e os *Puranas*. Eles são gurus. Contudo, hoje em dia, pessoas que leram apenas um livro qualquer e que professam qualquer coisa, seja lá o que for, também são consideradas gurus. Entretanto, um *satguru* é bem diferente disso. Um *satguru* é alguém que realizou a verdade através de austeridades e da renúncia e que experimentou de forma direta o estado supremo descrito nas escrituras.

Exteriormente, ele ou ela podem não parecer especiais, mas o benefício que se recebe de um mestre assim não pode ser conseguido com aqueles que fingem ser *satgurus*. Os que demonstram muita pompa e esplendor externamente talvez não ostentem o mesmo interiormente. Você não se beneficiará muito ao depender deles. A diferença entre eles e um *satguru* é a mesma entre uma lâmpada de cem watts e uma de mil watts. A simples presença de um verdadeiro *satguru* irá preenchê-lo de bem-aventurança e enfraquecer suas *vasanas* (tendências inatas).

Os ensinamentos dos *satgurus* não se limitam às palavras. As palavras se refletem em ações. Na vida deles, pode-se observar as palavras das escrituras tornando-se realidade. Se você estudar suas vidas, não haverá real necessidade de estudar as escrituras. Os *satgurus* são completamente despidos de ego. Podem ser comparados a uma imagem feita de chocolate ou de açúcar cristal, porque deles vem somente pura doçura. Nada há para ser descartado. Os *satgurus* nascem somente com o propósito de elevar o mundo. Não são indivíduos; representam um ideal. Precisamos apenas seguir esse exemplo. Os grandes mestres abrem nossos olhos para a sabedoria e removem a escuridão.

Deus está presente em tudo, mas é o *satguru* que corrige nossos erros e nos eleva ao mundo de Deus. Por isso se diz que o mestre é Brahma, Vishnu e Maheshwara[4]. O *satguru* significa mais para o discípulo do que Deus. Após encontrar um *satguru*, você não precisa mais pensar em Auto-Realização nem se preocupar com reencarnações. Tudo o que tem a fazer é seguir o caminho

---

[4] No hinduísmo, a divindade é uma trindade – Brahma (o Criador), Vishnu (o Preservador) e Shiva ou Maheshwara (o Destruidor).

traçado por seu mestre. Assim como um lago se junta a um rio para chegar ao mar, uma vez encontrado o mestre, você terá alcançado o lugar onde precisa estar. O mestre cuidará de todo o resto e o levará ao objetivo. Tudo o que o discípulo tem a fazer é entregar-se de todo coração aos pés do mestre. O mestre nunca abandonará o discípulo.

Pergunta – Amma, qual o melhor caminho hoje em dia para se alcançar a Auto-Realização?

Amma – A Auto-Realização não é algo que esteja por aí em algum lugar. De acordo com Krishna, ioga é equanimidade. Devemos ver tudo como Consciência Divina, pois só assim poderemos alcançar a perfeição. Devemos ver apenas o bem em todas as coisas. Uma abelha enxerga apenas o néctar das flores e se aproveita dessa doçura. Apenas aqueles que vêem somente o lado positivo de tudo estarão aptos para a Auto-Realização.

Se realmente desejamos a realização, devemos ser capazes de esquecer completamente o corpo. Temos que estar absolutamente convictos de que somos o Eu Superior. Deus não tem um lugar específico para habitar; Ele mora em nossos corações. Temos que nos livrar de todo apego e consciência do corpo. Isso é tudo o que precisamos. Com isso, uma profunda compreensão criará raízes dentro de nós: a compreensão de que o Eu Superior não tem nascimento nem morte, felicidade ou tristeza. Todo o medo da morte desaparecerá e ficaremos plenos de bem-aventurança.

Aquele que busca deve aprender a acolher qualquer situação com paciência. Se houver sal no mel, o sabor salgado poderá ser removido se adicionarmos mel continuamente. Da mesma forma, temos que remover qualquer traço de animosidade e também o sentido de "eu" de dentro de nós, e isso é possível cultivando bons pensamentos. A mente, dessa maneira, torna-se pura, e aceitamos

25

qualquer situação com alegria. Assim progredimos espiritualmente, ainda que não tenhamos consciência disso.

No estado de Auto-Realização, vemos os outros como nosso próprio Eu Superior. Quando escorregamos em algo e caímos, machucando o pé, não culpamos nossos olhos por serem descuidados e os destruímos! Tentamos dar conforto aos pés. Se nossa mão esquerda se fere, nossa mão direita cuida dela. Da mesma forma, perdoar aqueles que cometem erros porque reconhecemos nosso próprio Eu Superior neles – isso é a Auto-Realização. Para a pessoa realizada, nada é separado do Eu Superior. Contudo, se esse estado não foi conquistado, todo discurso sobre Auto-Realização serão meras palavras, e estas não estarão impregnadas do poder que vem da experiência. Mas é impossível chegar a esse nível de consciência sem a ajuda de um *satguru*. Tudo o que é preciso é seguir as orientações do mestre.

A Auto-Realização não é algo que você possa comprar. A atitude tem que mudar. Só isso. As pessoas acham erroneamente que a escravidão à matéria na qual se encontram é real. Há uma história sobre uma vaca que era sempre mantida amarrada em um curral. Certo dia, não foi amarrada, foi simplesmente levada ao curral e a porta foi fechada, mas a corda ficou solta no chão. No dia seguinte, quando o dono abriu a porteira do curral para que a vaca saísse, ela não se moveu. Ele a puxou, mas ela se recusou a sair do lugar. O dono também a tocou com uma vara, mas mesmo assim ela não se moveu. Ele pensou: "Normalmente eu desfaço o nó da corda quando entro aqui, mas ontem eu não a amarrei. E se eu fingir que a estou desamarrando?" Pegou a ponta da corda e fingiu desatá-la, e o animal imediatamente saiu do curral.

As pessoas estão num estado muito parecido ao da vaca. Elas não estão atadas, mas acham que estão. Você tem que remover essa ilusão. Você só precisa entender que não está realmente aprisionado de maneira alguma. Entretanto, você não conseguirá mudar essa concepção equivocada sem a ajuda de um verdadeiro mestre. Isso não quer dizer que o mestre vai lhe dar a Auto-Realização. A tarefa do mestre é lhe convencer de que não está aprisionado. As amarras só precisariam ser desatadas se você estivesse de fato preso. Apenas quando as ondas se acalmam, podemos ver a imagem do sol sobre as águas. Somente quando as ondas da mente se acalmam, somos capazes de ver o Ser Superior. Não há necessidade de se criar uma imagem. Tudo o que precisamos fazer é estabilizar as ondas, e a imagem se revelará.

Você não pode ver o seu reflexo sobre um vidro limpo e cristalino. Um dos lados tem que ser coberto com tinta. Somente quando a tinta da ausência de ego for aplicada dentro de nós, poderemos ver Deus. Enquanto o ego permanecer, não conseguiremos ser altruístas. O mestre conduz o discípulo por situações necessárias para a remoção do ego, e o discípulo aprende a dissolvê-lo. Pela proximidade com o mestre e pelos conselhos que dele recebe, o discípulo desenvolve a paciência sem mesmo ter consciência disso. O mestre coloca o discípulo em situações em que a paciência é testada e a raiva tende a vir à tona. Por exemplo, o discípulo recebe um trabalho do qual não gosta. Isso o deixa zangado e ele resolve desobedecer. Então, o mestre pede que reflita sobre o assunto. O discípulo encontrará dentro de si a força necessária para transcender as situações difíceis. Assim, o mestre usa diferentes situações para eliminar as fraquezas do discípulo e torná-lo forte. Isso permite que o discípulo transcenda o ego. É com o propósito de eliminar o ego que buscamos refúgio em um mestre.

A concha só pode emitir som quando está vazia. Quando nos liberamos do ego, podemos enfim alçar vôo para nossa meta espiritual. Quando a entrega total acontece, não há mais qualquer sentido de "eu" – há apenas Deus. Esse estado não pode ser descrito em palavras.

27

Se, após chegar a um mestre, você ainda se preocupar com pensamentos sobre o momento em que alcançará a realização, isso significará que você não se entregou a ele completamente. Significa que a sua fé no mestre ainda não é total. Após chegar ao mestre, você deve seguir as instruções dele ao pé da letra, deixando de lado qualquer outro pensamento. Isso é tudo que o discípulo deve fazer. O verdadeiro discípulo entrega ao mestre até o desejo da Auto-Realização. O único objetivo é a completa obediência ao mestre. O mestre é a própria perfeição. Não existem palavras para descrever o amor e a veneração que o discípulo sente pelo mestre.

Pergunta – Se sofrermos uma queda mesmo após viver com um mestre, ele estará ali para nos salvar em nossa próxima vida?

Amma – Siga sempre as palavras do mestre. Ofereça a si mesmo totalmente aos pés dele e, a partir daí, encare tudo como a vontade do mestre. Como discípulo, você não deveria sequer pensar em queda. Pensar assim demonstra fraqueza, significa que você não tem uma fé verdadeira em si mesmo. E se não acredita em si mesmo, como poderá ter fé no mestre? Ele não decepcionará aquele que pedir com sinceridade. O discípulo deve se abrigar completamente no mestre.

Pergunta – O que significa o serviço verdadeiro ao mestre?

Amma – Quando falamos de um mestre verdadeiro, não nos referimos somente a uma pessoa. Estamos falando da Divina Consciência, da Verdade. O mestre permeia todo o Universo. Precisamos entender isso, pois só assim poderemos evoluir espiritualmente. Um discípulo nunca deve se apegar ao corpo físico do mestre. Devemos ampliar nossa visão para enxergar o mestre em todo ser, senciente ou não, e servir aos outros com devoção. É por meio de nossa ligação com o mestre que adquirimos essa capacidade de expansão da visão. A mente de um discípulo que amadurece escutando as palavras e observando as ações do mestre se eleva ao plano espiritual do mestre sem se dar conta. Por outro lado, o serviço prestado por uma pessoa que deseja a proximidade física do mestre por motivos meramente egoístas não é o verdadeiro serviço.

O vínculo que liga o discípulo ao mestre deve ser tal que se torne impossível ficar longe dele. Ao mesmo tempo, o discípulo deve estar aberto para servir aos outros a ponto de esquecer-se de si mesmo. Deve servir aos outros da mesma forma que serve ao mestre. Assim faz o verdadeiro discípulo que absorveu a real essência do mestre. O mestre ficará sempre com um discípulo assim.

Quando vemos uma mangueira, nossa atenção não está na árvore e sim nos frutos. Apesar disso, não negligenciamos o cuidado com a árvore. Embora o discípulo saiba que o mestre não é, na realidade, o corpo e sim a consciência cósmica onipresente, ele não deixará de ver o corpo do mestre como um bem precioso, e o serviço pessoal a ele será mais importante para o discípulo do que a própria vida. Como um discípulo verdadeiro, você descobre que está disposto a dar a vida pelo bem do mestre. Ainda assim, seu conceito de mestre não está restrito ao indivíduo limitado. Você enxerga seu mestre em todos os seres viventes, e realmente percebe que servir a qualquer um é o mesmo que servir ao mestre. O verdadeiro discípulo encontra contentamento e felicidade nisso.

Pergunta – Se o mestre não é realizado, qual o sentido de se entregar a ele? O discípulo não estará sendo enganado? Como podemos determinar se um mestre espiritual é realizado ou não?

Amma – É difícil dizer. Todos querem ser o artista de cinema mais famoso do momento. As pessoas fazem qualquer coisa para isso, tentam toda forma de imitação. Existem muitas pessoas que querem posar de mestre quando vêm a honra e o respeito dirigidos a um mestre espiritual. Se fizéssemos uma lista dos sinais de um mestre perfeito, isso tornaria as coisas fáceis para os que desejam assumir o papel de mestre, e as pessoas comuns seriam enganadas por truques. Portanto, é melhor não detalhar demais a natureza de um *satguru*. Isso não deve ser discutido em público. As escrituras dão certas descrições das características de um mestre. Entretanto, é difícil usar as características observadas em um mestre como um critério quando tentamos discernir se um outro mestre é verdadeiro ou não. Cada mestre tem uma maneira própria de agir. Por mais que você leia ou estude, é difícil encontrar um mestre perfeito, a menos que se tenha um coração puro. A renúncia, o amor, a compaixão e a ausência de ego geralmente são encontradas em todos os mestres. Mas há aqueles que assumem diferentes papéis com o propósito de testar seus discípulos. Somente o discípulo de coração puro consegue suportar isso. Quando o indivíduo começa a buscar com um desejo genuíno e coração puro, um mestre verdadeiro virá até ele, mas também testará o discípulo.

Mesmo que a pessoa caia nas mãos de um falso mestre, se o coração dela for puro, sua inocência de qualquer maneira irá levá-la à meta. Deus limpará o caminho para que a meta seja alcançada.

Em vez de perder tempo testando e comparando mestres, é melhor orar a Deus e pedir que Ele o ajude a tornar-se um discípulo perfeito e que o leve ao mestre perfeito. Somente quando o intelecto e o coração se fundem, o discípulo pode realmente reconhecer um verdadeiro mestre.

Pergunta – Mãe, de que forma o mestre testa os discípulos?

Amma – Não podemos fazer uma lista de regras gerais para isso, como se fossem orientações para obter bons resultados numa prova. O mestre orienta o discípulo de acordo com as *vasanas* que o discípulo adquiriu durante muitas vidas. Mesmo em situações idênticas, o mestre pode se comportar de forma bem diversa com diferentes discípulos. Não necessariamente terá sentido para você. Somente o mestre saberá a razão. Ele decide quais procedimentos seguir para enfraquecer as *vasanas* de uma pessoa e levá-la à sua meta. O único fator que auxiliará no progresso espiritual do discípulo é a obediência à decisão do mestre.

Quando dois discípulos cometem o mesmo erro, o mestre pode ficar muito zangado com um e ser amoroso e condescendente com o outro, agindo como se nada tivesse acontecido. O mestre conhece o nível de força interna e de maturidade de cada um. Em razão da ignorância, observadores talvez critiquem o mestre, pois vêem apenas o que acontece externamente. Falta-lhes a visão interna para notar as mudanças que estão ocorrendo no interior desses discípulos.

A árvore não pode brotar antes que a casca mais externa da semente se rompa. Você não pode conhecer a verdade sem destruir totalmente o ego. O mestre testa o discípulo de várias formas para definir se ele veio procurá-lo por um entusiasmo passageiro ou por amor à meta espiritual. Esses testes podem ser comparados às provas-surpresa das salas de aula. Não existe aviso prévio. É dever do mestre avaliar quanta paciência, renúncia e compaixão o discípulo tem e testar se ele torna-se fraco diante de certas situações ou se tem força para superá-las. Os discípulos estão destinados a serem guias para o mundo no futuro. Talvez um dia, milhares de pessoas irão até eles, depositando neles total confiança. Os discípulos têm que possuir força interior, maturidade e compaixão suficiente para corresponder a essa confiança.

Se um discípulo vai para o mundo sem essas qualidades e não apresenta pureza interior suficiente, esse será o pior tipo de traição. Dessa forma, aquele que deveria proteger o mundo, poderá se tornar um inimigo destrutivo. O mestre faz com que os discípulos passem por inúmeros testes para moldá-los apropriadamente.

31

Certa vez, um mestre deu uma pedra a um discípulo e pediu que esculpisse uma imagem. O discípulo, obediente, abdicou de sono e comida e dedicou-se a esculpir a imagem. Quando terminou, levou-a ao mestre e a ofereceu aos pés dele. Colocou-se de lado humildemente de palmas unidas e com a cabeça baixa. O mestre deu uma olhada na escultura, segurou-a e jogou-a fora. Ela se quebrou em vários pedaços. "Isso é maneira de se fazer uma imagem?", perguntou com raiva. O discípulo olhou para os vários pedaços quebrados e pensou: "Ele não proferiu nem sequer uma palavra gentil, mesmo depois de eu trabalhar duro sem dormir ou comer!" Conhecendo esses pensamentos, o mestre deu-lhe outra pedra e pediu-lhe que começasse de novo, que esculpisse outra imagem. O discípulo fez outra imagem, ainda mais bela do que a primeira. Novamente, aproximou-se do mestre, achando que dessa vez certamente iria agradá-lo. Porém, assim que viu a imagem, o mestre ficou vermelho. "Você está brincando comigo?", reclamou: "Essa é pior do que a última!" Ele quebrou novamente a imagem enquanto olhava para o discípulo que estava ali humildemente, em pé, com a cabeça baixa. Dessa vez, ele não sentiu qualquer ressentimento com relação ao mestre, mas ficou um pouco triste. O mestre deu-lhe outra pedra e pediu que esculpisse uma nova peça. O discípulo trabalhou com muito cuidado. Era um trabalho de arte fabuloso. Ele a entregou aos pés do mestre, mas este a espatifou rapidamente, chamando a atenção do discípulo severamente. Dessa vez, o discípulo não se sentiu nem zangado nem triste e pensou: "Se esse é o desejo de meu mestre, que assim seja. Tudo o que ele faz é para o meu próprio bem", tamanha era sua atitude de entrega naquela altura dos acontecimentos. O mestre deu-lhe outra pedra, que o discípulo aceitou com alegria e voltou com outra imagem excepcionalmente bonita. O mestre também a quebrou, mas não houve nem mesmo a menor mudança no humor do discípulo. O mestre ficou muito satisfeito. Colocou as mãos sobre a cabeça do discípulo e o abençoou. Um observador, ao olhar as ações do mestre, provavelmente o consideraria cruel ou mesmo louco. Somente o mestre e o discípulo, que havia se entregado completamente aos pés do mestre, compreendiam o que realmente estava acontecendo. Cada vez que o mestre destruía uma imagem que o discípulo lhe trazia, estava na verdade esculpindo uma imagem real no coração do discípulo, destruindo o ego dele. Somente um *satguru* pode fazer isso, e somente um discípulo verdadeiro pode saborear a bem--aventurança que daí advém.

O discípulo precisa compreender que o mestre conhece melhor o que é bom ou ruim para o discípulo e aquilo que este precisa. Ninguém deveria aproximar-se de um mestre buscando posição ou fama. Deve-se procurar um mestre pelo desejo de entrega. Se você sentir raiva ou ressentimento quando ele não o elogia, não tem as qualificações necessárias para ser discípulo. Reze para que sua raiva seja removida. Compreenda que cada atitude do mestre é para seu próprio bem.

Algumas pessoas pensam: "Há quantos anos estou com meu mestre? E ainda assim, ele me trata dessa forma!" Isso mostra apenas uma ausência de entrega. Somente aqueles que entregam não apenas alguns anos, mas toda a vida aos pés do mestre são os verdadeiros discípulos. Quando a atitude "Eu sou o corpo, a mente e o intelecto" persiste, surgem na mente a raiva, a aversão e o egoísmo. É para se livrar dessas qualidades negativas que o indivíduo se refugia junto a um mestre espiritual. A menos que nos entreguemos completamente ao mestre, não existe outra forma de superar nossas negatividades. A atitude de que tudo o que o mestre faz é para nosso próprio bem deve estar firmemente consolidada em nossas mentes. Nunca devemos deixar que nosso intelecto julgue as ações do mestre.

Meus filhos, ninguém pode prever a forma que os testes de um mestre assumirão. A entrega total é a única maneira de passar nesses testes. Eles são, na verdade, uma prova da compaixão do mestre para com o discípulo. Esses testes enfraquecem as *vasanas* do discípulo. Apenas através da auto-entrega será possível ganhar a graça do mestre.

Um jovem aproximou-se do mestre, pedindo para ser aceito como discípulo. O mestre disse: "Filho, você não tem a maturidade mental necessária para levar uma vida completamente espiritual. Você ainda tem algum *prarabdha*[5] que precisa ser manifestado. Espere um pouco mais."

O jovem rapaz, porém, recusava-se a voltar atrás. Por essa insistência, o mestre acabou aceitando-o como discípulo. Algum tempo depois, o mestre não o incluiu na iniciação de *sannyasa* dada a todos os demais. O jovem não aceitou a situação e ficou zangado com o mestre. Não demonstrava esse sentimento abertamente, mas fazia comentários negativos sobre o mestre aos visitantes do *ashram*. O mestre sabia disso, mas nada dizia. Algum tempo depois, o rapaz começou a externar suas críticas mesmo na presença do mestre, que conhecia muito bem a natureza do discípulo. Ele sabia que nenhum conselho iria modificar o discípulo, e que este aprenderia somente através da experiência. Assim, permaneceu calado. Em determinada hora, o mestre decidiu conduzir um grande *yajna* (sacrifício) em prol do bem-estar mundial. Eram necessários muitos itens que seriam oferecidos ao fogo sagrado durante o sacrifício. Uma família que morava perto do *ashram* se ofereceu para doar tudo que fosse preciso. O jovem rapaz ficou responsável por buscar o material todos os dias durante o curso do *yajna*, que uma moça da família lhe entregava a cada dia. A primeira vez que o discípulo viu a moça, sentiu-se atraído por

---

[5] O fruto de ações passadas dessa e de vidas anteriores que irá se manifestar nessa vida.

ela. Esses sentimentos tornaram-se mais fortes com o passar dos dias, até que não conseguiu se controlar e segurou a mão dela. A moça não hesitou um instante. Pegou um pedaço de pau no chão e o acertou no rosto. Assim que o mestre viu o discípulo retornar com o rosto encoberto, entendeu o que havia acontecido. "Agora, você vê por que eu não quis aceitá-lo como discípulo e por que eu não o tornei *sannyasin* (monge)? Pense como a sua forma de agir seria vergonhosa se estivesse usando a túnica ocre! Isso teria sido uma grande traição para o mundo e para a linhagem dos *sannyasins*. Vá e viva no mundo por algum tempo, filho. Eu o mandarei chamar na hora certa." Nesse momento, o discípulo finalmente entendeu o próprio erro e prostrou-se aos pés do mestre.

Você não se torna um médico altamente qualificado apenas com o diploma de graduação. Também terá que fazer residência junto a um médico experiente e ganhar experiência, tratando de várias doenças. Somente através do trabalho duro e da prática constante será possível tornar-se um médico realmente bom. Da mesma forma, por mais que se estude os textos espirituais, existem lições de grande valor a serem aprendidas ao se viver no mundo e ao se lidar constantemente com pessoas. Essa é a forma mais importante de aprendizado. O *satguru* providenciará todas as circunstâncias necessárias ao progresso do discípulo que busca as orientações espirituais dele. Suas *vasanas* não vão simplesmente desaparecer se você se sentar de olhos fechados e meditar. Suas impurezas mentais serão eliminadas somente se você tiver completa fé no mestre e a humildade e abertura necessárias para se entregar. A entrega é como um alvejante que retira as manchas de suas roupas. A entrega remove suas impurezas mentais e suas *vasanas*. Ao contrário do que algumas pessoas acham, entregar-se a um *satguru* não é uma forma de escravidão. É o portal para a verdadeira independência e liberdade.

Quaisquer que sejam as tentações, a mente do discípulo deve manter-se firme. Essa é a verdadeira entrega ao mestre. Essa atitude não pode ser comprada com nenhum dinheiro, deve ser desenvolvida naturalmente. Quando o discípulo tiver desenvolvido esse tipo de entrega, estará completo em todos os sentidos.

Pergunta – O mestre espiritual não compreende a natureza do discípulo assim que o vê? Então, para que todos esses testes?

Amma – O mestre conhece a natureza do discípulo melhor do que ele mesmo. O discípulo deve adquirir consciência das próprias deficiências, somente então será capaz de superá-las e se desenvolver.

Hoje em dia, é difícil encontrar discípulos que realmente obedeçam ao mestre espiritual e tenham verdadeira consciência da meta final. Estamos num tempo em que os mestres são criticados e acusados quando não se rendem ao egoísmo dos discípulos. Ainda assim, na infinita compaixão que têm, os mestres tentam ao máximo trazer os discípulos ao caminho correto.

Nos tempos antigos, o discípulo esperava pacientemente diante do mestre. Hoje, é o mestre que espera o discípulo. O único objetivo do mestre é levar o discípulo ao estado supremo pelos meios necessários. O mestre estará disposto a qualquer sacrifício para alcançar esse objetivo.

Talvez você se pergunte: "Não será escravidão obedecer todas as palavras do mestre?" Mas essa 'escravidão' não prejudica o discípulo de maneira alguma, pelo contrário, ela torna o discípulo livre para sempre! Ela o ajuda a despertar o Eu Superior presente em seu interior. Para que uma semente cresça e se torne uma árvore majestosa, primeiro terá que se esconder sob a terra.

Se desperdiçarmos as sementes e as comermos, elas irão saciar nossa fome por um tempo limitado. É muito mais vantajoso plantarmos as sementes e deixarmos que cresçam e se transformem em árvores que produzirão frutas suficientes para alimentar as pessoas por muitos anos. Além disso, oferecerão uma sombra refrescante aos passantes sufocados pelo calor do sol. Mesmo quando uma pessoa está cortando uma árvore, esta continua a oferecer sua sombra. Deveríamos nos render ao mestre em vez de ceder ao ego. Fazendo isso, seríamos capazes de aliviar o sofrimento de inúmeras pessoas no futuro. A entrega ao mestre e a obediência a ele não são escravidão, e sim um sinal de coragem. Uma pessoa realmente corajosa se rende ao mestre espiritual para erradicar o próprio ego.

Nós nos apegamos a um pequeno pedaço de terra, colocamos uma cerca à sua volta e dizemos que é nossa propriedade. Por causa desse apego, desistimos de nossa soberania sobre o Universo inteiro. Precisamos apenas nos livrar da noção de "eu". Assim, todos os três mundos se ajoelharão aos nossos pés. Hoje em dia, a maior dificuldade de um mestre é encontrar discípulos valorosos. A maioria dos discípulos atuais é do tipo que passa um curto período de tempo com o mestre para depois abrir um *ashram* e posar, ele mesmo, de mestre.

Se duas pessoas se prostrarem diante dele, ficará cheio de si. Consciente disso, o mestre tenta remover completamente o ego do discípulo.

Entrevistas com a Divina Mãe

Entrevista concedida pela Mãe a uma revista inglesa

Pergunta – Qual é a mensagem da vida da Amma?

Amma – A vida da Amma é a Sua mensagem – que é o amor.

Pergunta – Aqueles que a encontraram nunca se cansam de testemunhar o seu amor. Por que isso acontece?

Amma – A Amma não demonstra deliberadamente um amor especial para alguém. O amor apenas acontece de forma natural e espontânea. A Amma não consegue desgostar de uma pessoa. Ela conhece apenas uma linguagem, que é a linguagem do amor. É a única língua que todos entendem. A maior pobreza do mundo hoje é a falta de amor altruísta.

Todas as pessoas falam de amor e dizem amar as outras, mas isso não pode ser chamado de amor verdadeiro. Aquilo que hoje as pessoas entendem por amor é manchado de egoísmo, como uma bijuteria barata coberta de ouro. Ela pode ser bonita, mas é de pouca qualidade e não durará muito.

Há uma história de uma garotinha que ficou doente e foi para o hospital. Quando estava para voltar para casa, ela disse: "Pai, as pessoas aqui são tão boas para mim! Você me ama tanto quanto elas? O médico e as enfermeiras tomaram conta de mim. Todos me amam muito! Perguntam-me como estou, cuidam de todas as minhas necessidades, fazem a minha cama, me alimentam na hora certa e nunca brigam comigo. Você e a mamãe estão sempre ralhando comigo!" Nesse momento, a recepcionista entregou um papel ao pai, e a garota perguntou o que era. O pai respondeu: "Você não estava me contando sobre como as pessoas a amam? Pois bem! Essa conta mostra o preço desse amor!" Meus filhos, essa história mostra a natureza do amor que encontramos no mundo de hoje. Algum tipo de egoísmo se esconde por trás de todo amor que vemos. O espírito comercial infiltrou-se nos relacionamentos pessoais. O primeiro pensamento das pessoas quando conhecem outras é o que podem ganhar com isso. Se não há algo a ser ganho, não se preocupam em estabelecer um relacionamento. E, quando existe um relacionamento, tão logo os ganhos diminuem, o relacionamento se enfraquece. Isso ocorre pela quantidade de egoísmo presente na mente das pessoas. A humanidade está sofrendo agora a conseqüência disso.

Hoje em dia, se existem três membros em uma família, vivem como se estivessem em três ilhas separadas. O mundo se degenerou a tal ponto que as pessoas não sabem mais o que é paz e harmonia verdadeira. Isso tem que mudar. O altruísmo tem que florescer no lugar do egoísmo. As pessoas têm que parar de barganhar umas com as outras em nome dos relacionamentos. O amor não deveria ser um elo que aprisiona. Ele deveria ser o próprio sopro da vida. Esse é o desejo da Amma.

Quando desenvolvermos a atitude de "Eu sou amor, a encarnação do amor", não precisaremos vagar em busca de paz, pois a paz nos encontrará. Nesse estado de espírito expansivo, todos os conflitos se dissolvem, como a neblina se vai quando o sol aparece.

Pergunta – Alguém disse: "Se você quer saber como seria o amor se assumisse uma forma humana, basta olhar para a Amma!" A Mãe poderia dizer algo a respeito disso?

Amma – (Risos) Se você der a alguém dez rúpias das cem que possui, restarão somente noventa rúpias. Mas o amor é diferente.

Não importa quanto amor você dê, ele nunca se esgota. Quanto mais você der, mais terá, como uma fonte inesgotável que flui enquanto você retira água. A Amma sabe apenas isso: que a vida dela deve ser uma mensagem de amor. Esse é o único interesse da Mãe. As pessoas nascem para ser amadas, vivem para o amor. No entanto, é o que menos encontramos hoje em dia. Uma fome de amor assola o mundo.

Pergunta – A Amma consola todas as pessoas que vêm vê-la, tomando cada uma delas em seus braços. Isso não é algo fora do convencional na Índia?

Amma – As mães não levantam os bebês e os abraçam? Nosso país sempre exaltou o relacionamento entre mãe e filho. A Amma não vê aqueles que a procuram como diferentes ou separados dela.

Se alguma parte do seu corpo dói, sua mão instintivamente toca aquele lugar para dar algum conforto a ela. Para a Amma, as tristezas e os sofrimentos dos outros são seus. Uma mãe conseguirá ficar parada vendo o filho chorar de dor?

Pergunta – Amma, a senhora ama os pobres e abandonados mais do que os outros?

Amma – A Amma não sabe ser parcial em Seu amor. Se uma lâmpada for acesa em frente a uma casa, todos que ali chegarem receberão igual quantidade de luz, nem mais nem menos. Mas se uma pessoa mantiver as portas fechadas e ficar dentro da casa, continuará no escuro. Não faz sentido permanecer no escuro e culpar a luz. Se você quer a luz, terá que abrir as portas do seu coração e sair.

O sol não precisa de uma vela para iluminar o próprio caminho. Algumas pessoas acham que Deus é alguém sentado lá no céu e gastam muito dinheiro para agradá-lo. Mas a graça de Deus não pode ser obtida apenas com dinheiro. O que Deus aprecia acima de tudo é o serviço aos pobres. Agrada mais a Deus ver uma pessoa pobre sendo ajudada e confortada do que milhões sendo gastos com festivais religiosos ostensivos. A graça de Deus flui quando Ele vê você secando as lágrimas de uma alma sofredora. Onde quer que Deus veja uma alma tão pura, ali Ele vai habitar. Um coração misericordioso é uma morada muito mais preciosa para Deus do que qualquer trono acetinado ou assento dourado. A Amma olha somente o coração de seus filhos. Ela não os julga pela condição material ou posição social no mundo. Nenhuma mãe de verdade pensaria nesse tipo de coisa. Mas quando uma pessoa em sofrimento chega até a Amma, ela se enche de compaixão ao ver a dor. A Amma sente a tristeza daquela pessoa como se fosse sua e faz tudo o que pode para confortá-la.

Pergunta – A Amma não se cansa, dedicando tanto tempo aos seus devotos?

Amma – Onde existe amor, não existe cansaço. Uma mãe carrega os filhos por horas a fio. Por acaso ela acha que o filho é um peso?

Pergunta – No início, a Amma teve que enfrentar muita oposição. Poderia dizer algo sobre isso?

Amma – Não pareceu importante para a Amma, pois conhecia a natureza do mundo. Imagine que você está assistindo a um espetáculo de fogos de artifício. Se você souber que um morteiro muito barulhento vai ser disparado, não se espantará quando explodir. Aqueles que sabem nadar divertem-se entre as ondas do mar e não deixam o medo diminuir o entusiasmo. Como a Amma já conhecia a natureza do mundo, os obstáculos em sua vida não prejudicaram sua felicidade interior. Ela considerava aqueles que se opunham a ela como espelhos. Essas pessoas a faziam olhar para dentro. Essa era a atitude da Amma.

Reclamações e tristezas aparecem apenas quando você acha que é o corpo. No universo do Eu Superior, não existe espaço para tristeza. Quando a Amma contemplou a natureza do Eu Superior, ficou claro que ela não era uma poça de água estagnada, mas um rio que fluía livremente. Muitas pessoas vêm até o rio, doentes ou saudáveis. Alguns bebem dessa água, outros se banham nela, lavam a roupa ou até cospem nela. Não faz diferença para o rio como as pessoas o tratam – ele continua fluindo. Se a água é usada para a adoração ou para o banho, ele nunca reclama; ele flui, acariciando e purificando os que entram nele. Mas a água de uma poça é parada e suja e terá inevitavelmente um cheiro ruim.

Quando a Amma reconheceu isso, nem a oposição que enfrentou nem o amor que recebeu afetaram-na minimamente. Nada disso parecia importante. A tristeza aparece quando você pensa: "Eu sou o corpo". Não existe espaço para tristeza no plano do Eu Superior. Ninguém estava separado da Mãe. Para ela, as dificuldades dos outros eram suas. Por isso, essas dificuldades não eram dificuldades para a Amma. Eles jogaram sujeira nesta árvore, mas para a Mãe, era fertilizante. Tudo era para o bem.

Pergunta – Amma, a Senhora não vivencia o Eu Superior? Então, por que faz orações? Qual é a necessidade da prática espiritual em seu caso?

Amma – A Amma recebeu este corpo para o bem do mundo, não para ela mesma. Ela não veio a esse mundo apenas para sentar e declarar: "Eu sou uma encarnação divina." Para que serve nascer, se você se sentar sem fazer nada? O propósito da Amma é guiar as pessoas e assim elevar o mundo. A Amma veio com o objetivo de mostrar às pessoas o caminho certo.

Com os surdos, usamos a linguagem de sinais para nos comunicar, não é? Se pensarmos: "Eu não sou surdo, por que vou fazer aqueles sinais com as mãos?" os surdos não serão capazes de entender o que dizemos. Para eles, esses gestos são necessários. Para que seja possível elevar aqueles que ignoram a verdadeira natureza, deve-se descer até o nível deles. É vivendo entre eles e dando exemplo com a própria vida que se mostra que precisam cantar músicas devocionais, meditar e praticar serviço desinteressado –tudo. Para que a elevação das pessoas ocorra, a Amma assume vários papéis. Todos esses papéis são para o bem do mundo.

As pessoas vêm ao *ashram* de carro, de ônibus, de avião ou barco. A Amma não pergunta: "Que tipo de veículo você usou para chegar até aqui?" Ela não diz: "Você deveria vir apenas de avião!" Cada pessoa usa o meio mais adequado para si. Da mesma forma, muitos caminhos levam à Auto-Realização. A Amma receita para cada pessoa o caminho adequado para a disposição mental dela. Aqueles que têm aptidão para matemática deveriam estudar ciências na universidade; serão capazes de aprender aquelas matérias com maior facilidade do que os outros e progredirão rapidamente nos estudos. Aqueles que têm a habilidade intelectual de compreender o significado das escrituras poderão meditar no dizer "não isso, não aquilo" (*neti, neti*) em um nível intelectual e assim progredir. No entanto, é preciso um intelecto sutil e um considerável conhecimento das escrituras para alcançar isso. Uma pessoa comum não terá sucesso.

Muitas pessoas que visitam o *ashram* pela primeira vez não estão sequer familiarizadas com a palavra "espiritualidade". O que esses filhos farão? É necessário ter certo grau de escolaridade ou contato com um mestre espiritual para realmente entender os livros sagrados como o *Bhagavad Gita*. Aqueles que não têm acesso a isso também precisam progredir, não é? Apenas aqueles que realmente têm o poder do discernimento poderão tomar o caminho de "*neti, neti*". E somente aqueles que estudaram as escrituras serão capazes de encontrar as palavras escriturais certas para cada situação e alcançar o significado mais profundo. Muito poucos são capazes disso. Como a Amma poderia rejeitar os que não são capazes? Eles não devem ser ajudados também? Portanto, para auxiliá-los, é necessário conhecer o nível de cada um e descer até esse nível. Muitos dos que vêm aqui são iletrados. Outros são pobres demais para comprar livros, embora saibam ler. Alguns dos que vêm aqui adquiriram um pouco de conhecimento através da leitura, outros leram muito, mas são incapazes de colocar em prática o que aprenderam nos livros. Cada pessoa também precisa ser orientada de acordo com a cultura em que foi criada. Brahman (a Realidade Absoluta, o Ser Supremo) não é algo que possa ser descrito em palavras. Ele é pura experiência, é a própria vida. É um estado em que você vê a todos como parte do seu Eu Superior. Esse estado deve se tornar a nossa própria natureza. Nós nos *tornamos* a flor, em vez de contemplá-la. Nós todos deveríamos tentar desabrochar. É isso o que deveríamos fazer com nossas vidas e nesse sentido direcionar nossos estudos. Memorizar algo não é difícil, o problema é colocar em prática. Os antigos *rishis* (sábios) demonstraram as grandes verdades espirituais através do exemplo nas próprias vidas. Hoje em dia, as pessoas se lançam em disputas verbais após terem lido e decorado as palavras dos sábios. *Pujas* (rituais sagrados) e preces são diferentes faces de Brahman.

Pergunta – Amma, no seu *ashram* é dada muita importância ao serviço. Não será a ação um empecilho para a verdadeira contemplação do Ser Superior?

Amma – A escada que nos conduz ao alto é feita de tijolos e cimento. O último degrau é composto do mesmo material. Somente quando se alcança o topo é que se percebe que não existe diferença entre a escada e o último degrau.

Ainda assim, os degraus são necessários para se chegar ao topo. Da mesma forma, para se alcançar a Auto-Realização são necessários certos meios.

Certa vez, um homem alugou um palacete e ali viveu como se fosse o monarca daquela área. Um dia, um santo foi visitá-lo. O homem comportou-se de forma arrogante, ostentando ares de realeza. O santo lhe disse: "Você declara que esse palácio lhe pertence. Eu sugiro que peça à sua consciência que lhe mostre a verdade. Você sabe que isso aqui é alugado. Não existe coisa alguma aqui que você possa chamar de sua. Você não possui um só item nessa casa, mesmo assim, imagina que tudo lhe pertence e que é um rei!" É assim que muitas pessoas pensam hoje em dia, lêem muitos livros e tagarelam a respeito do que leram como corvos gralhando na praia[1]. O assunto sobre o qual falam não tem relação alguma com o tipo de vida que levam. Aqueles que compreenderam as escrituras, mesmo que apenas em parte, não perdem tempo discutindo. Aconselharão apenas aqueles que pedirem e tentarão ajudá-los a se desenvolver espiritualmente.

Cada pessoa necessita de um caminho que melhor se adapte à disposição mental dela. Por isso, existem tantos caminhos no *Sanatana Dharma*, a Religião Eterna (*Sanatana Dharma* é o nome tradicional do Hinduísmo). Os caminhos começam no nível de cada pessoa e são elaborados para elevar cada indivíduo. A *advaita* (não-dualidade) não deve ser colocada à força dentro do cérebro; deve ser *vivida*. Somente assim poderá ser experimentada.

Algumas pessoas aqui chegam declarando-se especialistas em *vedanta*. Clamam ser a Consciência Pura. Elas perguntam: "Onde existe outro Ser para o Ser servir? Qual a necessidade de serviço em um *ashram* onde os aspirantes buscam a Auto-Realização? Claro que apenas o estudo e a contemplação são suficientes!"

---

[1] Em muitas partes de Kerala, as praias são povoadas por corvos.

Nos tempos antigos, mesmo as grandes almas só se enga-
javam em *vanaprastha*[2] e *sannyasa* após terem experienciado
grihasthashrama (vida familiar espiritualmente orientada). A
maior parte do *prarabdha* cármico deles (o trabalho que se deve
executar para exaurir a dívida cármica) já havia sido exaurido e só
lhes restava um número limitado de dias para viver. Nos *ashrams*
que visitavam, havia muito serviço voluntário. Ali, os discípulos,
estudantes de vedanta, serviam os mestres com entrega total. Os
discípulos saíam para pegar lenha e ordenhar as vacas.

Vocês não ouviram a história de Aruni, que protegia os
campos? Para evitar que a água transbordasse para os campos por
uma rachadura em um dique e destruísse as plantações, deitou-
-se sobre a fenda e o vazamento parou. Para aqueles discípulos,
nada era separado do vedanta. Aruni não pensou: "Isso aqui é só
um campo cheio de lama e sujeira. Eu, por outro lado, sou o Eu
Superior." Para ele, tudo era o Eu Superior.

Assim se comportavam os discípulos daquele tempo. Naquela
época o *Karma Ioga* (serviço desinteressado) já existia, e só três ou
quatro discípulos viviam com o mestre espiritual.

Este *ashram* tem quase mil residentes. São capazes de meditar
o tempo todo? Não. Os pensamentos invadem a mente deles.
Trabalhando ou não, uma porção de pensamentos surge na mente.
Então, por que não canalizar esses pensamentos na direção certa,
usando nossos braços e pernas para o serviço desinteressado em
benefício dos outros?

Krishna disse a Arjuna: "Em todos os três mundos, não há
o que Eu necessite fazer, nem o que Eu precise alcançar e, ainda
assim, sempre Me encontro em atividade." Filhos, suas mentes

---

[2] O *Vanaprastha* tradicionalmente é o terceiro estágio da vida, quando
marido e mulher se retiram para a floresta com o objetivo de desenvolver
práticas espirituais, deixando para trás todas as responsabilidades mundanas.

estão presas no nível da consciência corporal e precisam ser elevadas acima disso. Permitam que suas mentes se expandam e transformem-se na Mente Universal. É a compaixão para com o mundo que produzirá os primeiros indícios dessa expansão.

Aqueles que orgulhosamente se proclamam *vedantins* acreditam que somente eles são Brahman e que tudo o mais é maia, ilusão. Mas são capazes de manter essa atitude? Nunca! Esperam que o almoço esteja pronto exatamente as doze ou treze horas. Não consideram a comida maia quando estão com fome! E quando ficam doentes, querem ser levados ao hospital. Naquele momento, o hospital não é maia. É uma necessidade, e eles precisam do serviço dos outros.

Aqueles que falam de maia e da consciência pura devem entender que, da mesma forma que necessitam de certas coisas, os mesmos itens são essenciais para outros. Os assim chamados *vedantins* precisam do serviço de outros.

Esperar que os outros o sirvam e depois começar a contemplar Brahman quando é a sua vez de servir é apenas um sinal de preguiça.

Neste *ashram*, existem médicos, engenheiros e muitos outros profissionais. Todos trabalham de acordo com a própria capacidade. Mas os residentes também meditam e estudam as escrituras. Eles estão treinando para fazer ações sem apego. Trabalhar sem apego nos ajuda a nos livrar do egoísmo e da consciência de corpo. Quando uma ação é feita sem apego, não causa qualquer aprisionamento. Esse é o caminho para a libertação.

Nenhum dos residentes aqui deseja o céu. Noventa por cento deles querem servir o mundo. Mesmo que lhes fosse oferecido o céu, simplesmente acenariam um adeus para ele, pois já o vivenciam no coração. Não têm necessidade de qualquer outro céu. O céu deles é o seu próprio coração compassivo. Essa é a atitude da maioria dos devotos da Amma aqui.

Muitas pessoas se retiraram da vida em sociedade no passado, alegando ser Pura Consciência. Não estavam preparadas para viver entre as pessoas e servi-las. Isso explica por que nossa civilização degenerou a esse ponto. O que sofremos hoje é a miséria causada por tanta indiferença. Com sua pergunta, você quer dizer que deveríamos permitir que nossa cultura se tornasse ainda mais pobre?

É preciso entender que *advaita* é algo para ser vivido. É um estado no qual olhamos para todos como parte de nosso próprio Ser.

Qual o significado da guerra do *Mahabharata*? Quando pedras pontiagudas são colocadas em um tambor que gira, elas perdem as arestas e tornam-se lisas. Da mesma forma, ao servir o mundo, a mente perde a deformidade dela e assume a natureza do Eu Superior a consciência individual torna-se uma com a Consciência Universal. Servindo o mundo, você lida com as negatividades interiores, como o ego e todo o egoísmo dele. Esse é o verdadeiro significado da guerra do *Mahabharata* e a razão pela qual o Senhor pediu a Arjuna para lutar pelo *dharma*.

Se você aderir a esses ensinamentos em suas ações, os outros entenderão melhor do que se tentar explicá-los com palavras. Esse é o objetivo da Amma.

Pergunta – Amma, em seu *ashram* a senhora dá muita importância à devoção? Quando assisto às orações e ao canto devocional, parece-me quase um espetáculo.

Amma – Filho, imagine que você tem uma namorada. Quando está falando com ela, isso parece um espetáculo para você? Quando está realmente apaixonado, nunca pensa dessa forma. Para outra pessoa, poderá parecer um espetáculo. O mesmo é válido aqui também. Para nós, isso nunca seria um espetáculo. Nossas orações são expressões de nossa ligação com Deus. Durante cada momento de nossas orações, experimentamos nada além de bem-aventurança. Quando o namorado fala com a namorada ou vice-versa, isso lhes dá alegria. Não sentem qualquer descontentamento. Não ficam entediados, mesmo após horas de conversa. Experimentamos uma alegria semelhante quando oramos.

A oração é um diálogo com o Amado dentro de nós, nosso verdadeiro Ser. Você é o Eu Superior, o *Atman*. Não foi feito para ser infeliz. Você não é a alma individual, é o Ser Supremo. Sua natureza é o êxtase. Este é o propósito da oração. A verdadeira oração não é composta de palavras vazias.

Filho, se você estava se referindo à oração e ao canto devocional, verá que existem em todas as religiões. Os muçulmanos oram e se prostram na direção de Meca. Os cristãos rezam diante da imagem de Cristo, de uma cruz ou uma vela. Jainistas, budistas e hindus também oram. Em todas essas religiões, a relação entre mestre e discípulo também existe. Vemos profetas e mestres aparecerem em nosso meio de tempos em tempos e serem grandemente reverenciados. Essas não são formas diversas de expressar a devoção? Os que aprenderam com as escrituras meditam sobre os princípios do vedanta e, dessa forma, progridem no caminho espiritual. Não é a devoção a tais princípios que lhes permite isso?

Filho, a verdadeira devoção é ver Deus em todas as pessoas e respeitar a todos. Devemos cultivar tal atitude. Nossas mentes devem se elevar para que enxerguemos o Divino em tudo. Aqui na Índia não imaginamos Deus morando no céu. Deus está em todo lugar. Nada é mais importante na vida do que conhecer Deus. O objetivo de se estudar as verdades espirituais, de contemplá-las e assimilá-las é perceber a natureza do Supremo Ser ou Deus. A devoção é um caminho espiritual que leva ao mesmo objetivo.

Não é fácil para todo mundo voltar a mente para dentro, pois a mente gosta de vagar em várias direções. Aqueles que estudaram as escrituras talvez prefiram o caminho do discernimento (*neti,*

neti = não isso, não isso), rejeitando a identificação com qualquer coisa que não seja o Ser. Mas existem tantas pessoas que não estudaram coisa alguma! Elas também precisam conhecer o Eu Superior, não é mesmo? Para elas, a devoção é o melhor caminho. Algumas pessoas têm reações alérgicas a injeções e podem até morrer se receberem uma. Quando ficam doentes, só podem tomar remédio por via oral. Da mesma forma, a Amma receita práticas espirituais diferentes para pessoas diferentes, dependendo do que se aplica ao *samskara*[3] de cada indivíduo. Não podemos dizer que um método é mais importante do que outro. É melhor dizer que tudo aqui tem como objetivo o bem das pessoas.

Vemos as duas margens de um rio porque ele está cheio de água, e falamos sobre este lado ou aquele lado. Mas, se o rio secar, perceberemos que existe apenas um leito contínuo de terra. As duas margens e o leito do rio são partes do mesmo terreno. O conceito de 'eu' e 'você' surge apenas porque mantemos um sentido de individualidade. Quando isso desaparece, tudo é um e o mesmo, inteiro e perfeito (*purnam*). Pelos dois caminhos 'não isso, não isso' (discernimento) e o da devoção (cantos devocionais e orações) podemos obter a experiência do Eu Superior.

O caminho do discernimento (*neti, neti*) pode ser descrito da seguinte forma: uma criança está levando remédios ao pai acamado. Assim que chega à porta, o fornecimento de luz é interrompido. De repente, ela fica no escuro e não pode ver coisa alguma. Ela toca na parede e pensa: "Não é isso"; sente a porta e diz: "Não é isso"; apalpa a mesa e: "Não é isso". Finalmente, toca

---

[3] *Samskara* é a totalidade de impressões gravadas na mente pelas experiências desta e de outras vidas que influenciam a vida presente de um indivíduo – sua natureza, suas ações, estados mentais etc. Corresponde também à bondade inerente e ao refinamento do caráter de cada um, à disposição mental e às qualidades nobres que alguém tenha cultivado no passado. Também pode significar "cultura".

o pai e diz: "Sim! Aqui está ele!" Desta forma, rejeitando tudo o que não é o pai, consegue chegar até ele. O mesmo acontece com a devoção. A verdadeira atenção do aspirante está somente em Deus. O devoto não aceita algo que não seja Deus. Só existe o pensamento nele.

Um grupo de aspirantes diz: "Não sou o corpo, não sou a mente, não sou o intelecto, sou o Eu Superior. A mente e o corpo são a causa de todo sofrimento e alegria." Outro grupo tem a seguinte atitude: "Eu pertenço a Deus. Eu preciso somente de Deus. Deus é tudo." Essa é a única diferença. Começamos a perceber que não existe coisa alguma além de Deus. Nossa vida deveria ser assim. Deveríamos perceber tudo como Deus. Essa é a devoção verdadeira. Quando enxergamos apenas Deus em tudo, esquecemos de nós mesmos; nossa individualidade se dissolve.

Com a devoção, não estamos buscando um Deus que está sentado em algum lugar no céu, mas em vez disso aprendemos a vê-Lo em todas as coisas. Esse devoto não precisa vagar por aí em busca de Deus. Deus brilha nesse devoto, ele não vê algo diferente de Deus. O objetivo da oração é atingir esse estado. Através de nossas orações, glorificamos a verdade. A mente precisa elevar-se acima do corpo, da própria mente e do intelecto, ao nível do Eu Superior. Imagine uma lâmpada de 100 watts no teto de uma cozinha, coberta de tanta poeira que a luz dela parece ser de apenas 10 watts. Se limparmos a poeira, a lâmpada novamente brilhará com toda sua intensidade. De forma semelhante, a prática espiritual é o processo de remoção de nossas impurezas. Ao removermos o véu que obscurece nossa divindade interior, experimentamos o poder infinito dentro de nós. Entendemos que não nascemos para viver o sofrimento, pois nossa natureza real é a bem-aventurança. Entretanto, não é suficiente apenas falar a respeito dessas verdades, faz-se necessária a prática espiritual.

Todos têm a capacidade inata de nadar, mas só aprenderemos se entrarmos na água e praticarmos. A devoção e a oração são os meios pelos quais despertamos a divindade dentro de nós.

Pergunta – Dizem que, se um aspirante espiritual toca em outra pessoa, ele perde o poder espiritual. Isto é verdade?

Amma – Uma pilha pequena tem uma capacidade limitada de energia e se descarrega com o uso, mas um cabo conectado à corrente elétrica tem sempre energia. Você perderá seu poder se acreditar que é o ego limitado, igual a uma pilha pequena. Mas se estiver conectado a Deus, a fonte de poder infinito, como poderá perder energia? Da plenitude (*purnam*) flui somente plenitude. Mesmo que você acenda milhares de fósforos com o fogo de uma chama, o brilho original dela não diminui.

Entretanto, é verdade que o aspirante espiritual pode perder força. Você deve ficar muito atento, porque ainda está no plano do corpo, da mente e do intelecto. Enquanto permanecer nesse nível, terá que ser cuidadoso sempre. Até que a mente esteja sob seu controle, será necessário observar todos os *yamas* e *niyamas* (aquilo que se pode ou não fazer no caminho espiritual). Depois disso, não precisará preocupar-se caso toque em uma pessoa. Considere aqueles que você toca como Deus e não como pessoas. Aí então você não perderá energia, mas ganhará.

Pergunta – Amma, a senhora passou por muito sofrimento em sua infância. Quando vê as pessoas sofrendo, lembra-se daquele tempo?

Amma – Existe alguém que não tenha sofrido na vida? É verdade que a Amma passou por muitas dificuldades quando era pequena, mas ela nunca as encarou como sofrimentos reais. A mãe da Amma, Damayanti, adoeceu e não pôde mais cuidar da casa. Naquelas circunstâncias, a Amma, mesmo tendo interrompido os estudos, contentou-se por que pelo menos seus irmãos e irmãs podiam estudar. Assim, parou de ir à escola e assumiu a completa responsabilidade por todas as tarefas caseiras. Cozinhava para a família, preparava o lanche de seus irmãos, lavava a roupa de todos, cuidava das vacas, cabras, patos, galinhas e outros animais e recolhia alimento para as vacas. Ela também cuidava de Damayanti, sua mãe doente. De quatro horas da manhã até a meia-noite, ela fazia uma tarefa após a outra. Através dessas experiências, a Amma aprendeu sem intermediários, desde a infância, o significado das dificuldades da vida.

A Amma costumava visitar pelo menos cinqüenta casas na vizinhança para coletar cascas de tapioca para as vacas. Às vezes, quando ela chegava, a família já estava comendo. Na casa seguinte, não havia nada para comer. As crianças estavam deitadas no chão, enfraquecidas pela fome. Em uma casa, a Amma escutava as crianças rezando por uma vida longa para os pais, enquanto em outra, a avó era totalmente ignorada e não conhecia algo além do desespero. "Ninguém cuida de mim", reclamava a velha senhora. "Eles me dão comida da mesma forma que dariam a um cão. Ninguém me ajuda a lavar minha roupa. Todos apenas gritam e batem em mim."

Essa era a história de muitos dos idosos. Eles haviam trabalhado pelos filhos a vida toda, haviam perdido a saúde na luta pelo sustento da família. Mas, na idade avançada, jaziam ali sem ajuda; ninguém lhes dava apoio. Ninguém sequer se incomodava em lhes oferecer um pouco de água, se estivessem com sede. Observando esse sofrimento, a Amma lhes levava comida de sua própria casa.

Quando adquiriam a própria família e responsabilidades, os filhos que antes rezavam pela longevidade dos pais, agora os encaravam como um incômodo. Queriam livrar-se deles. Amavam as pessoas apenas quando podiam esperar algo em troca. A vaca é querida pelo leite que produz. Se parar de dar leite, o dono a manda para o matadouro. A Amma compreendeu que sempre existe um motivo egoísta por trás do amor terreno. Havia um lago perto de nossa casa. A Amma costumava levar as senhoras idosas até lá. Ela as banhava e lavava sua roupa. Recolhia crianças chorando de fome, levava-as para sua casa e as alimentava. O pai dela não gostava disso e brigava com ela: "Por que você traz para cá todas essas crianças imundas, com nariz escorrendo?"

Ao testemunhar em primeira mão o sofrimento e as dificuldades das pessoas, a Amma aprendeu sobre a natureza da vida no mundo. Quando os doentes vão para o hospital, têm que esperar por horas. Finalmente, o médico os recebe e lhes dá uma receita. Mas de onde virá o dinheiro para os remédios? A Amma já viu tantas pessoas que sequer tinham dinheiro para um comprimido contra dor de cabeça. As pessoas desta região mal conseguem sobreviver com os salários miseráveis que recebem. Se faltarem a um dia ao trabalho, a família passará fome. Quando ficam doentes, não têm o suficiente para os remédios ou a comida. Você vê pessoas gemendo de dor, sem dinheiro para comprar analgésicos. Uma pílula seria suficiente para aplacar a dor em poucos minutos. Mas não há dinheiro nem mesmo para isso e, assim, agonizam o dia todo.

A Amma já viu muitas crianças em prantos porque não podiam comprar papel para fazer os exames escolares[4]. Algumas crianças vão à escola com as camisas abotoadas com espinhos porque não têm dinheiro para comprar botões. Assim, a Amma viu, ouviu e experimentou o sofrimento e as dificuldades que as pessoas têm que passar na vida delas; ela entendeu a natureza do mundo. Isso a levou a olhar para dentro. Tudo o que existe no

---

[4] Em algumas escolas indianas em que a educação é gratuita, os alunos devem trazer suas próprias folhas de papel para as provas.

mundo, tornou-se seu guru. Até mesmo a pequena formiga era sua guru.

Como a Amma compartilhou as tristezas e o sofrimento dos pobres quando ainda era criança, ela compreende a dor e o sofrimento das pessoas sem que tenham que explicar nada. Hoje, muitas pessoas passando por dificuldades semelhantes vêm vê-la. Se as pessoas que detêm os recursos decidissem, poderiam aliviar em muito o sofrimento desses indivíduos. A Amma gostaria de pedir a seus filhos mais abastados para que sejam misericordiosos e sirvam os pobres e sofredores.

Pergunta – Como pode a Amma, que nunca teve filhos naturais, ser considerada uma Mãe?

Amma – Meus filhos, a Mãe é um símbolo do altruísmo. A mãe conhece o coração e os sentimentos dos filhos, e dedica toda sua vida a eles. Uma mãe perdoará qualquer erro que o filho cometa, porque sabe que ele erra por ignorância. Essa é a verdadeira maternidade. É isso que significa a vida de uma mãe. A Amma vê todos como seus próprios filhos.

A cultura indiana ensina às crianças desde cedo que a mãe delas é Deus, a encarnação de Deus. Nossa cultura considera a maternidade como a consumação da vida adulta de uma mulher. Tradicionalmente, os homens vêem as mulheres, com exceção da esposa, como se fossem a própria mãe. As indianas também se dirigem às senhoras mais velhas ou outras mulheres por quem têm respeito tratando-as como "mãe". Tal é a posição privilegiada tradicionalmente atribuída ao sexo feminino em nossa sociedade.

O sentimento maternal está presente em todas as mulheres. Essa qualidade deveria ser predominante em todas elas. Da mesma forma que a escuridão se dissipa com os raios do sol, todas as tendências negativas desaparecem diante do sentimento maternal. É assim tão pura a qualidade maternal. O amor, o altruísmo e o auto-sacrifício formam as características da maternidade. Somente abrigando essas qualidades dentro de nós poderemos manter nossa nobre cultura viva. A Amma acha que sua forma de ser é adequada. Você pergunta como a Amma pode ser uma mãe sem ter dado à luz. O engenheiro que desenha o motor de um avião não sabe mais sobre ele do que o piloto? Uma mulher não se torna mãe só por dar à luz. O sentimento maternal tem que desabrochar no próprio interior. A mulher que desenvolveu o sentimento maternal em todo seu esplendor não é menos mãe do que aquela que passou pelo trabalho de parto. Além disso, não consideramos nossa terra natal, nossa língua materna e a mãe Terra também como mães?

Pergunta – Amma, a senhora está trabalhando na sociedade a fim de atingir algum propósito?

Amma – A Amma só tem um desejo: que sua vida seja como um incenso. Enquanto o bastão se consome com a brasa, espalha o aroma em benefício dos outros. A Amma quer beneficiar o mundo dedicando cada momento de sua vida aos seus filhos. Ela não vê o objetivo como diferente dos meios. A vida da Amma flui de acordo com a vontade de Deus. Só isso.

Pergunta – Dizem que um mestre espiritual é essencial no caminho espiritual. Quem foi o guru da Amma?

Amma – Tudo neste mundo é o guru da Amma. Deus e o guru estão dentro de cada pessoa. Contudo, enquanto o ego resiste, permanecemos inconscientes disso. O ego age como um véu e esconde o guru interior. Quando você descobrir o guru interior, irá percebê-lo em todo o Universo. Quando a Amma encontrou o guru dentro de si mesma, tudo, incluindo um grão de areia, tornou-se seu guru. Você talvez se pergunte se até mesmo um espinho seria um guru para a Amma. Sim, cada espinho é seu guru, pois quando um espinho espeta seu pé, você presta muita atenção ao caminho. Com isso, aquele espinho o ajuda a evitar ser espetado por outros e a cair em uma vala profunda.

A Amma também vê seu corpo como um guru, porque quando contemplamos a natureza impermanente do corpo, tomamos consciência de que o Eu Superior é a única realidade eterna. Tudo em volta da Amma levou-a à bondade e, em razão disso, a Mãe tem um sentimento de reverência para com tudo na vida.

Pergunta – A Amma está dizendo que não precisamos de um guru em particular para alcançar a Auto-Realização?

Amma – A Amma não está dizendo isso. Uma pessoa com um dom inato para a música pode ser capaz de cantar todas as variações melódicas ou *ragas* sem qualquer treino especial. Mas imagine se todo mundo começasse a cantar as *ragas* sem qualquer treinamento! Portanto, a Amma não está dizendo que não é necessário um mestre espiritual. Somente alguns indivíduos agraciados com um grau raro de consciência e capacidade de concentração não têm necessidade de um guru externo.

Observe tudo o que encontrar com discernimento e consciência. Não abrigue qualquer sentimento de apego ou aversão ao que quer que seja. Assim tudo terá algo a lhe ensinar. Contudo, quantos de nós possuímos esse grau de desapego, paciência e concentração? Para aqueles que ainda não desenvolveram tais qualidades, seria extremamente difícil atingir a meta sem se refugiar aos pés de um guru externo. O verdadeiro guru desperta o conhecimento interno. Hoje em dia, as pessoas não são capazes de perceber o guru interior porque são vítimas da cegueira da própria ignorância. Temos que mudar nossa forma de enxergar para que possamos perceber a luz do conhecimento. A atitude de discípulo, a atitude de entrega ajuda nessa conquista.

Devemos ter a atitude do iniciante. Somente o iniciante tem a paciência para realmente aprender alguma coisa. Só porque seu corpo cresceu, não quer dizer necessariamente que sua mente tenha amadurecido. Se você quer que a sua mente se amplie e se torne tão expansiva quanto o Universo, precisa ter a atitude de uma criança, porque só uma criança pode crescer e se desenvolver. Mas a maioria das pessoas adota a atitude do ego, do corpo, da mente e do intelecto. Somente quando descartamos essa atitude e assumimos a de uma criança inocente, temos a atenção necessária para absorvermos o que é ensinado.

Não importa quanta água caia sobre o topo da montanha, ela não ficará ali; escorrerá naturalmente e encherá um buraco no chão. Se tivermos a atitude de que nada somos, tudo virá para nós.

A paciência, a consciência e a atenção concentrada são as verdadeiras riquezas da vida. Essas qualidades são tão importantes que a pessoa que as desenvolve será bem-sucedida em qualquer lugar. Quando você desenvolve tais qualidades, seu espelho interno, que o ajuda a enxergar e a eliminar as impurezas interiores, fica limpo e claro. Você se torna seu próprio espelho e entende como remover suas impurezas sem que alguém precise ajudá-lo. Você alcança a habilidade de purificar a si mesmo. Quando chega a esse estágio, contempla o guru em todos os lugares. Não vê pessoa alguma como inferior a você, nunca discute sem necessidade, não profere palavras vazias, e sua grandeza se reflete em suas ações.

Pergunta – Isso significa que não há necessidade de estudar os textos espirituais?

Amma – É bom estudar vedanta. O caminho para Deus rapidamente ficará claro para você. Quem estuda vedanta entende a proximidade de Deus, compreende que Deus está dentro de nós. Mas, hoje em dia, as pessoas limitam o vedanta a meras palavras. Não vemos vedanta algum refletido nas ações. O vedanta não é uma carga para ser transportada; é um princípio a ser trazido ao coração e praticado pela mente. Muitos não conseguem compreender isso e tornam-se arrogantes. À medida que a compreensão do vedanta aumenta, nossa humildade se desenvolve naturalmente. O vedanta nos ajuda a entender que somos a essência de Deus. Entretanto, para que possamos de fato vivenciar isso, temos que viver segundo os princípios do vedanta. Se você escrever a palavra "açúcar" em um pedaço de papel e lambê-lo, não sentirá qualquer sabor doce. Para experimentar esse sabor, terá que provar o açúcar. Ler ou falar sobre Brahman simplesmente não nos trará a experiência dele. Nossas ações devem refletir o que lemos e estudamos. Então, nosso conhecimento se torna nossa própria experiência. Contudo, nossos esforços necessitam de encorajamento. A vida dos que realmente aprenderam o vedanta e o interiorizaram inspiram outros a seguir o mesmo caminho.

Algumas pessoas sentam-se sem fazer nada e declaram: "Eu sou Brahman." Por que, então, esse Brahman (a pessoa que assim falou) assumiu um corpo? Não teria sido suficiente permanecer sem forma? Agora que recebemos esse corpo, precisamos demonstrar essa verdade com nossas ações. Quando compreendermos isso, seremos naturalmente humildes.

A Amma está falando sobre sua própria vida. Ela não insiste que os outros a aceitem ou a sigam. Você deve progredir com base em sua própria experiência. Saiba quem você é! Isso é tudo o que a Amma está dizendo.

A seguir, uma entrevista com a Amma durante sua visita a Nova Déli, em março de 1999, publicada no jornal "Times of India".

Pergunta – A Amma fundou muitos projetos humanitários para os pobres, como o hospital altamente especializado AIMS[5] e o projeto habitacional gratuito Amrita Kuteeram. O que a motivou a começar essas atividades humanitárias?

Amma – A Amma vê muitas pessoas pobres todos os dias. Elas falam das dores delas. A Amma pode entender as dificuldades e as necessidades que têm. Surge um sentimento urgente de aliviar esse sofrimento. É assim que cada projeto começa. Nenhum deles foi planejado, nem foram feitos levantamentos de fundos. Quando começamos cada projeto, Deus manda tudo o que precisamos.

Devemos compreender que Deus não está confinado ao templo ou à igreja. Deus está dentro de cada um. Sempre que compartilhamos o que temos com os outros e nos ajudamos mutuamente, na verdade, estamos adorando a Deus.

Ir aos locais de adoração, orar a Deus e depois ignorar as pessoas que passam fome na rua não é verdadeira devoção.

Pergunta – As afirmações de alguns filósofos sobre a alma individual e o Ser Supremo criaram a impressão de que não existe diferença entre Deus e os seres humanos e deixaram a impressão de que não existe diferença entre o bem e o mal, puro e impuro ou o céu e o inferno. Isto não distorce a noção entre certo e errado?

Amma – Isso é um mal-entendido. O objetivo de ensinar as pessoas sobre o princípio da não-dualidade, a unidade da alma individual com o Ser Supremo, é despertar a força inata dentro delas e levá-las à Verdade. O vedanta diz: "Tu és o Rei dos reis; tu

---

[5] Instituto de Ciências Médicas Amrita, em Cochin, Kerala, Índia.

não és um mendigo!" Essa consciência sobre nós mesmos nos ajuda a despertar o infinito poder interior. Mas, até que entendamos essa unidade por meio da experiência interna, temos que discernir entre o bem e o mal e evoluir pelo caminho certo. Quando você realiza a Verdade Última, o mundo da dualidade deixa de existir para você há apenas a Verdade e nada para ser considerado errado. Você vê tudo como manifestação de Deus.

Cada palavra e ação de uma alma realizada beneficiam a humanidade. Até mesmo o contato com o ar que ela respira ajuda a erradicar nossas tendências negativas internas. Uma pessoa consciente da divindade que há nela nunca se perturba quando confrontada com os problemas do mundo. O verdadeiro *vedantin* é alguém que, na verdade, vive nesse estado de não-dualidade e não aquele que simplesmente fala sobre isso. Um verdadeiro *vedantin* é um exemplo vivo para o mundo.

Os que bebem álcool e fazem outras coisas erradas enquanto citam as escrituras, declarando que tudo é Brahman, não podem ser considerados religiosos. Devemos ser capazes de identificar esses hipócritas. Nossa incapacidade de identificá-los é uma das razões de tanta decadência em nossa cultura. A espiritualidade não é algo apenas para ser discutido, tem que ser *vivida*.

Pergunta – Uma pessoa egoísta poderá se tornar altruísta por meio do próprio esforço? Podemos mudar nossa própria natureza?

Amma – Certamente. Se você tiver a compreensão apropriada dos princípios espirituais, seu egoísmo diminuirá. Uma forma muito eficiente de reduzir o egoísmo é agir sem desejar os frutos das ações. Devemos sempre lembrar que somos apenas instrumentos nas mãos de Deus. Devemos recordar que não somos nós, mas Deus quem nos faz executar todas as ações. Quando mantivermos essa atitude com sinceridade, o orgulho e o egoísmo desaparecerão.

Uma pessoa diz do alto de uma escada: "Já vou!", mas, depois de alguns passos, morre com um ataque cardíaco. Nem mesmo o próximo minuto está em nossas mãos. Quando compreendemos isso verdadeiramente, como podemos ser egoístas? Ao expirarmos, não há garantia alguma de que vamos inspirar novamente. É o poder de Deus que nos conduz em cada momento. Quando conseguimos perceber isso, nos sentimos naturalmente humildes e começamos a louvar o Senhor. Lembramos de Deus a cada passo. No entanto, junto com essa atitude, precisamos fazer um esforço. Então, a graça de Deus fluirá para nós e seremos bem-sucedidos em nossos intentos.

Pergunta – Diz-se que as dificuldades e os sofrimentos fazem de nós melhores seres humanos. Por que, então, rezar pela remoção de nossas dificuldades e doenças?

Amma – Você não toma remédio quando está doente? Nem mesmo os *mahatmas* rejeitam o uso de medicamentos. Quando ficam doentes, também fazem todo o necessário para se curarem. Isso mostra a importância do esforço pessoal. A cultura indiana nunca nos ensinou a ficar parados, deixando tudo para Deus. Devemos tentar resolver nossos problemas e diminuir nosso sofrimento. Mas devemos agir com uma atitude de devoção, sem perder nossa humildade, conscientes de que Deus é o poder por trás de toda ação. Isso é o que os *mahatmas* e as escrituras nos ensinam.

Não há necessidade de *puja* (rituais sagrados) ou de orações para aqueles que fazem práticas espirituais com a compreensão desses princípios e entregam tudo a Deus. Eles não precisam de orações para aliviar qualquer doença, porque aceitam tanto a felicidade quanto a tristeza como vontade de Deus. Mas para as pessoas comuns, que ainda não têm a noção da entrega, é correto buscar alívio através da oração e do *puja*. Quem ora e faz *puja* gradualmente alcança o estado de devoção livre de egoísmo.

Devemos fazer tudo o que estiver dentro da nossa capacidade. Se ainda assim as dificuldades persistirem, devemos aceitá-las como a vontade de Deus, para o nosso próprio bem. Não importam as dificuldades que tenhamos que enfrentar, devemos ter sempre em mente que estamos repousando no colo de Deus. Essa atitude nos dará a força necessária para superar quaisquer circunstâncias adversas.

Vemos algumas pessoas passando por sérias dificuldades em certos períodos. Pode haver uma série de calamidades. Talvez, por exemplo, sejam responsabilizadas por algo que não fizeram e até mesmo presas por crimes que não cometeram. Há o exemplo do filho que teve um acidente quando ia visitar o pai hospitalizado. Ouvimos falar de muitas dificuldades desse tipo. Na vida da maioria das pessoas, as dificuldades acontecem durante certos períodos. Todo projeto em que se envolvem não dá certo. Em algumas famílias, todas as mulheres ficam viúvas ainda jovens.

Devemos analisar essas situações e tentar entendê-las. A única explicação é que essas tragédias são o resultado das ações daquelas pessoas nas vidas anteriores. Essas dificuldades geralmente se manifestam durante períodos ou transições planetárias. Se as pessoas dedicarem mais tempo à devoção e à oração durante essas fases, isso lhes servirá de grande consolo e lhes dará força mental para superar os obstáculos.

Os *pujas* dos templos *Brahmasthanams*[6] não são rituais feitos apenas para remover as dificuldades causadas pelas influências negativas dos planetas, mas também uma forma de meditação. Além disso, as palestras espirituais oferecidas junto com os *pujas* nesses templos ajudam os devotos a aprenderem mais sobre os princípios espirituais. Dessa forma, são inspirados a levar uma vida baseada no *dharma* e a praticar a meditação. E, como os

---

[6] *Brahmasthanam* são templos especiais fundados pela Amma em toda a Índia e no exterior.

rituais nos templos ajudam a aliviar os problemas, a fé e a devoção aumentam.

Pergunta – A adoração de imagens é necessária? Por que alguns textos religiosos se opõem à adoração de imagens?

Amma – Nós não cultuamos as imagens propriamente ditas. Por meio da imagem, adoramos a Deus, que é onipresente. A imagem simboliza Deus, é uma forma de mantermos nossas mentes concentradas em um único ponto.

Mostramos às nossas crianças fotos de um *mynah* (pequeno pássaro do sudeste asiático) e de um papagaio e dizemos: "Esse é um *mynah* e aquele é um papagaio." Isso é necessário quando as crianças são bem pequenas. Quando crescem, não precisam mais dessas fotos para reconhecer as aves. Da mesma maneira, no início são necessárias algumas ferramentas para ajudar a mente das pessoas comuns a se concentrarem na consciência divina. À medida que a pessoa progride na prática espiritual, a mente aprende a ficar concentrada sem depender de tais recursos. Focalizar em imagens é uma boa maneira de treinar a mente a permanecer concentrada. Além disso, não podemos afirmar que Deus não esteja presente nas imagens. Se Deus está presente em todos os seres animados e inanimados, estará igualmente na imagem. A adoração de imagens é uma forma de treinar as pessoas a verem Deus em todos os seres, sencientes ou não, e também de cultivar uma atitude de amor e serviço ao mundo.

Imagine que um homem dê um presente à mulher que ama. Talvez tenha custado apenas alguns centavos, mas para aquela mulher, o presente terá um valor infinitamente maior, pois, para ela, estará impregnado da lembrança do amado.

Não permitimos que alguém cuspa na bandeira de nosso país ou de nosso partido político, mesmo que seja de tecido barato. Uma bandeira não é apenas um pedaço de pano, pois, uma vez elevada à condição de bandeira, passa a representar um grande ideal. Honramos a bandeira por nosso amor e respeito pelo ideal que ela simboliza. Da mesma forma, vemos o próprio Deus na imagem que adoramos. A imagem serve como um espelho da divina consciência que existe dentro de nós. Rezamos diante da imagem com os olhos fechados, e isso nos ajuda a direcionar nossas mentes ao Deus que habita em nós.

Mesmo as religiões que se opõem à adoração de imagens, na verdade, o fazem, de uma maneira ou de outra. Quando um cristão adora Jesus na cruz ou quando um muçulmano ora virado em direção à Caaba, são também formas de adoração de imagens.

O lado negativo dessa prática é que a pessoa poderá ficar ligada somente à imagem, sem entender o princípio por trás dela. Contudo, quando as pessoas compreendem esse princípio, ouvindo palestras religiosas e estudando as escrituras, esse problema deixa de existir. Devemos tentar criar uma oportunidade para a educação espiritual em nossos templos.

Pergunta – A Amma tem muitos devotos de vários países. Em geral os ocidentais são mais interessados no serviço voluntário do que os indianos. Qual é a razão disso?

Amma – Nos países ocidentais, foram criadas organizações para muitas causas diferentes. Quando ocorre uma crise ou um desastre, essas organizações assumem a responsabilidade pelo cuidado das vítimas. O público apóia essas organizações e participa prestando serviço. Além disso, o dinheiro doado pode ser deduzido do imposto de renda. Isso encoraja as pessoas a fazerem doações para as atividades de serviço.

Esses fundos de caridade representam um papel importante na criação do hábito da doação. Há muito tempo, a vida dos indianos baseava-se em *dana* (caridade) e *yajna* (oferendas sagradas para o bem comum). Hoje em dia, não existem programas suficientes para ensinar às pessoas esses ideais.

Pergunta – O céu e o inferno realmente existem?

Amma – O céu e o inferno existem aqui, dentro de cada um de nós. São nossas próprias ações que criam o paraíso ou o inferno. Quando alguém faz algo ruim, ele terá que aceitar os frutos inexoráveis disso. O inferno é isso.

Pergunta – Quais são as formas de progredir no caminho espiritual?

Amma – Primeiro, temos que purificar nosso caráter. Se colocarmos leite em um vasilhame sujo, ele estragará. Temos que lavar o pote antes de colocar o leite. Aqueles que desejam ter a elevação espiritual devem primeiro se purificar. Para tornar a mente pura, é preciso eliminar os pensamentos negativos e desnecessários e reduzir o egoísmo e os desejos. Temos que nos esforçar para conseguir isso. O que precisamos, acima de qualquer coisa, é da graça de Deus, e, para que ela flua até nós, certamente temos que ser humildes. A devoção e a meditação nos preparam para isso.

Através da meditação, não só alcançamos a paz mental, como também a prosperidade material. A meditação baseada nos princípios espirituais pavimenta o caminho para a iluminação.

A seção seguinte foi extraída de uma entrevista da Amma ao cineasta americano Michael Tobias durante a filmagem de um documentário.

Pergunta – Amma, o que em sua vida lhe pareceu mais miraculoso?

Amma – Nada pareceu especificamente miraculoso à Amma. O que há para se maravilhar no esplendor externo? Por outro lado, quando entendemos que tudo é Deus, cada objeto e cada momento da vida tornam-se milagrosos. Qual milagre pode ser maior do que Deus?

Pergunta – Dizem que nosso amor deve se expressar em nossas ações. O que as pessoas podem fazer para colocar isso em prática e para propagar a não-violência e a compaixão?

Amma – Temos que desistir da noção de que somos indivíduos e agir com a percepção de que somos parte da consciência universal. Somente assim poderemos colocar a compaixão e a não-violência plenamente em prática. Você se pergunta se isso é possível. Mas mesmo que não alcancemos esse estado plenamente, não devemos ao menos nos esforçar ao máximo para amar e servir os outros e manter esse como nosso objetivo?

Pergunta – Qual a reação da Amma aos problemas ambientais atuais?

Amma – A conservação da natureza só será possível quando as pessoas reconhecerem que fazem parte dela. A atitude que prevalece hoje nos permite explorar a natureza de forma indiscriminada. Se continuarmos assim, a própria humanidade será destruída. Antigamente, as pessoas prosperavam porque viviam em harmonia com a natureza.

Os *Puranas* descrevem a terra como uma vaca que supre todas as necessidades. Quando tiramos leite de uma vaca, temos que reservar uma quantidade para alimentar os bezerros, antes de tirar nossa parte. As pessoas naquela época amavam e protegiam as vacas e se relacionavam com elas como se fossem a própria mãe. Essa era a atitude para com toda a natureza. Hoje é necessário que comecemos a valorizar a mãe natureza tanto quanto valorizamos nossa própria progenitora. Quando nossa postura melhorar, a situação do meio ambiente também melhorará. Os problemas ecológicos não podem ser resolvidos sem que haja uma mudança fundamental na atitude mental das pessoas.

Pergunta – Qual a opinião da Amma sobre a proteção dos peixes e animais?

Amma – A humanidade e a natureza são interdependentes. As pessoas que vivem em áreas impróprias ao cultivo, como na costa ou em regiões tomadas pelo gelo, dependem do peixe para a sobrevivência. Precisamos das árvores para construir casas e para fazer muitas coisas. Tudo isso é necessário, mas deveria ser usado somente para suprir as necessidades das pessoas. Hoje, algumas espécies de animais e plantas estão em extinção por causa da ganância excessiva do homem.

Muitas formas de vida que existiram na Terra agora estão extintas. Essas espécies pereceram porque não puderam suportar as mudanças ocorridas na natureza. A natureza perde a harmonia quando as pessoas a exploram. Se continuarmos explorando a natureza, isso levará a humanidade à destruição, exatamente como as outras espécies foram extintas. A raça humana é parte da natureza e de todos os seres vivos na Terra. Podemos retirar da natureza o que precisamos para sobreviver, mas temos também a responsabilidade de assegurar que, ao tirarmos da abundância que nos oferece, não estamos destruindo o ritmo e a harmonia dela.

Suponha que você pegue uma folha de uma jaqueira para usá-la como colher para comer *kanji* (mingau de arroz típico de Kerala), mas em vez de retirar apenas uma folha, quebra um galho inteiro da árvore. Qual será o resultado? Se repetir isso dez vezes, a árvore terá perdido todas as folhas e logo morrerá. Quando pegamos somente algumas folhas, causamos uma perda pequena, que a árvore pode suportar. Essa deveria ser a nossa atitude sempre que tiramos algo da natureza.

Deus criou cada entidade da natureza de forma que fosse útil à outra. Um pequeno peixe é comido por um peixe maior e este é presa de outro ainda maior. Não está errado quando os humanos tiram da natureza exatamente aquilo que atende às necessidades deles. Mas explorar a natureza em excesso é uma forma de *himsa* (violência) e levará à decadência da humanidade.

Pergunta – Como devemos reagir aos problemas sociais de hoje?

Amma – Os problemas atuais são motivo de grande preocupação. É essencial compreender as causas desses problemas e lidar com elas, mas a mudança tem que começar no indivíduo. Quando uma pessoa muda para melhor, toda a família se beneficia, e a sociedade prospera. Portanto, primeiro nós mesmos devemos tentar fazer o bem. Quando mudamos para melhor, isso influencia todos à nossa volta e provoca mudanças positivas neles também. Não podemos mudar os outros simplesmente dando conselhos ou chamando-lhes a atenção. Temos que dar o exemplo e tratar a todos com carinho e amor. Apenas através do amor desinteressado poderemos contribuir para a transformação dos outros. Talvez não vejamos qualquer diferença no princípio, mas não devemos perder a esperança ou deixar de continuar tentando. Nossos esforços pelo menos trarão uma mudança benéfica em nós mesmos.

Se tentarmos esticar o rabo de um cachorro colocando-o em um tubo, ele não endireitará, mas os músculos de nossos braços se fortalecerão! Por isso, quando fazemos um esforço com a intenção de causar um efeito nos outros, nós mesmos mudamos para melhor. Certas mudanças certamente ocorrerão nos outros, mesmo que não as observemos diretamente. Pelo menos nossas tentativas irão ajudar a impedir maior deterioração da sociedade. É por meio desses esforços que podemos manter certo grau de harmonia na sociedade.

Uma pessoa que nada contra a corrente pode não avançar nem um milímetro, mas, por esforço próprio, será capaz de manter-se onde está sem ser arrastada pela força das águas. Se desistir, ela se afogará. É essencial que sejamos perseverantes em nossos esforços. Você talvez se pergunte: "Qual a utilidade de uma única pessoa lutando sozinha na sociedade, em um mundo tão cheio de escuridão?" Cada um de nós tem uma vela, a vela da mente. Acenda essa vela com a chama da fé. Não se preocupe com a grande distância a ser percorrida com uma luz tão pequena. Apenas dê um passo de cada vez. Você descobrirá que há luz suficiente para iluminar cada passo ao longo do caminho.

Um homem estava sentado à beira de uma estrada, sentindo-se totalmente abandonado. Uma pessoa passou por ali e lhe sorriu. Para esse homem abandonado por todos, que havia perdido toda esperança, aquele sorriso único surtiu tremendo efeito. O simples pensamento de que existia alguém que se importava com ele a ponto de lhe oferecer um sorriso fez surgir nele uma energia renovada. Naquele momento, lembrou-se de um amigo que não via há muito tempo e decidiu escrever-lhe uma carta. O amigo ficou tão feliz em recebê-la que decidiu dar dez rúpias a uma mulher pobre que estava por perto. Ela saiu e comprou um bilhete de loteria e, para total espanto, acabou ganhando o prêmio!

Quando ia para casa com o dinheiro, viu um mendigo doente deitado na calçada e pensou: "Foi graças a Deus que eu recebi essa bênção, deixe-me compartilhar um pouco com este pobre homem." Ela levou-o a um hospital e pagou pelo tratamento dele. Quando o mendigo teve alta, por acaso viu um cachorrinho abandonado, passando frio e fome, fraco demais para andar. O filhote uivou tristemente, e o coração do mendigo derreteu-se. Tomou-o no colo, envolvendo-o em um pedaço de pano, e acendeu um pequeno fogo à margem do caminho para aquecê-lo. Compartilhou o próprio alimento com o animalzinho que, depois de receber tanto amor e carinho, logo se recuperou. O cão passou a acompanhar o mendigo. Naquela noite, ele parou diante de uma casa e pediu para pernoitar ali. A família deu-lhe permissão para dormir na varanda. Durante a noite, o mendigo e as pessoas da casa foram acordados pelo latido incessante do cachorrinho. A casa estava em chamas, e o incêndio era bem próximo do local em que o bebê dormia. No último minuto, conseguiram salvar a criança e, trabalhando juntos, apagaram as chamas.

Uma coisa levou à outra. O fato de terem dado abrigo ao mendigo e ao cachorro serviu para salvar-lhes a vida. A criança cresceu e tornou-se um santo. Um número incontável de pessoas encontrou alegria e paz ao entrar em contato com ele.

Se analisarmos essa história, veremos que todas essas boas ações decorreram do sorriso de uma única pessoa. Essa pessoa não gastou um único centavo. Tudo o que ela fez foi sorrir para um homem na rua. E esse único sorriso afetou a vida de muitas pessoas. Aquele sorriso iluminou-lhes a vida.

Até mesmo o mínimo que façamos pelos outros poderá trazer grande transformação para a sociedade. Podemos não nos dar conta disso imediatamente, mas toda boa ação certamente trará bons frutos. Deveríamos, portanto, ter certeza de praticar cada ação de uma forma que beneficie os outros. Até mesmo um sorriso tem enorme valor e não nos custa coisa alguma. Infelizmente, hoje em dia, as pessoas freqüentemente riem apenas para ridicularizar os outros, mas não é disso que precisamos. Por outro lado, devemos ser capazes de rir de nossas próprias faltas e fraquezas.

Ninguém é uma ilha isolada. Estamos todos ligados, como elos de uma corrente. Estejamos conscientes disso ou não, influenciamos os outros com nossas ações. As mudanças que ocorrem em um indivíduo se refletirão em outras pessoas.

Não há sentido uma pessoa dizer que tentará melhorar somente depois que os outros melhorarem. Se estivermos dispostos a melhorar, mesmo que os outros não estejam, poderemos ver mudanças correspondentes na sociedade. Não fique desapontado se não enxergar um resultado tangível em você mesmo. A transformação está acontecendo internamente. Qualquer mudança saudável ocorrendo em nós certamente resultará também numa mudança na sociedade.

Pergunta – O sorriso da Amma parece ter qualidades especiais. Qual a razão disso?

Amma – A Amma não sorri intencionalmente, acontece de forma natural. Quando você conhece o Eu Superior, existe apenas bem-aventurança. A luz da noite de lua cheia deve explicar a si mesma?

Pergunta – Mas, algumas vezes, vemos lágrimas em seus olhos, principalmente quando está confortando alguém. A bem-aventurança natural é afetada pelas situações externas?

Amma – A mente da Amma age como um espelho. Um espelho reflete tudo o que aparece na frente dele. Quando os devotos choram, esse sofrimento se reflete na Amma, e as lágrimas surgem. A Amma quer que eles experimentem a paz mental. Pode parecer que a Amma está sofrendo, mas, em seu interior, ela não sente dor.

O discurso imortal

Era março de 1995. A Amma e os residentes do *ashram* voltavam para Amritapuri depois da cerimônia de inauguração do templo *Brahmasthanam* de Nova Déli. A viagem iria durar uma semana. Mesmo em trânsito, a Amma assegurava-se de que a rotina diária espiritual de seus filhos não fosse interrompida. Depois de viajar o dia todo, o grupo parava ao anoitecer próximo a um rio ou lago. Após banharem-se, todos se juntavam em torno da Amma para meditar e cantar *bhajans* (canções devocionais).

No entardecer do terceiro dia, o grupo não encontrou um rio ou lago pela estrada. Ao notar que todos estavam ficando ansiosos com a perspectiva de não nadar naquele dia, Amma disse: "Não vamos perder nosso banho, filhos! Isto não vai acontecer. Haverá água em algum lugar." Ela fez parar o ônibus em determinado local, e os moradores daquela região disseram que não havia rio ou lago ali, que a água era escassa. Ao ouvir isso, a Amma consolou a todos dizendo: "Não, não. A mente da Amma diz que existe água aqui perto. Perguntem novamente!" Os *brahmacharins* foram perguntar novamente, e então alguns moradores lembraram-se: "Oh! Sim! Existe uma pedreira aqui perto. As pedras foram cortadas e removidas e o buraco ficou cheio de água, como um pequeno lago!"

O grupo seguiu as orientações; andou uma curta distância e encontrou dois lagos cheios de água limpa. Todos se banharam junto com a Amma até se satisfazerem. Depois disso, o grupo se reuniu em torno da Amma para meditar e cantar com ela. Nesse momento, a Amma entrou em um estado de êxtase. Levantou os braços para o céu e gritou: "Venham, rápido, filhos! Venham rápido!" Por algum tempo, todos ficaram sentados em silêncio, imersos em bem-aventurança. Quebrando o silêncio, Daniel, um francês, disse: "Amma, ficamos muito felizes quando cantamos com a senhora. Parece que fomos aos Himalaias e nos banhamos no Ganges (rio sagrado da Índia). Quando a viagem da Amma para Rishikesh foi cancelada, ficamos desapontados com a possibilidade de perdermos a chance de nos banhar no Ganges. Agora, este sentimento se foi."

Amma – Meus filhos, os templos e as águas sagradas ajudam as pessoas comuns a serem levadas para a espiritualidade, mas isso ocorre somente até encontrarem um *satguru*. Alguém que tenha se rendido a um *satguru* não precisa procurar um rio sagrado. Um *mahatma* perfeito é a confluência de todos os rios sagrados. Entregar-se completamente a um mestre é como banhar-se em todas as águas sagradas.

Existe um dito popular que diz que a morada do guru é Benares[1] e que a água usada para lavar os pés do guru é a "água do Ganges". A água do *pada puja*[2] está cheia da energia do *mahatma*. Se uma pessoa beber dessa água, não será necessário ir a Benares nem fazer qualquer outra coisa. Não há algo mais purificador do que a água do *Pada Puja* –é o verdadeiro Ganges.

Pergunta – Amma, como as águas dos rios sagrados adquiriram essa santidade e pureza?

Amma – Todos os rios começam nas montanhas. Não existe diferença na água desses rios. Qual será, então, a diferença entre

---

[1] Benares é considerado um dos lugares mais sagrados da Índia.
[2] A água com a qual os pés do guru foram cerimoniosamente lavados.

o Ganges e os outros rios? Por que você não contrai doenças ao banhar-se no Ganges?[3]

Muitos *mahatmas* se banham em rios como o Narmada e o Ganges e muitos ascetas meditam nas margens deles. Isso cria a santidade desses rios sagrados. Um rio se torna sagrado quando um *mahatma* banha-se nele. Vibrações puras se misturam à água. Banhar-se na companhia de um *mahatma* é como provar um pouco do êxtase de *Brahman*. Banhar-se em qualquer lugar na presença de um *mahatma* é como banhar-se no Ganges.

Entretanto, a fé é a base de tudo. Com amor e fé, qualquer água pode se tornar sagrada. Vocês conhecem a história de Pakkanar? Um brâmane estava prestes a chegar a Benares. Ele convidou Pakkanar para acompanhá-lo até o Ganges a fim de se banharem e receberem o *darshan* do Senhor Vishvanath em Benares. Mas Pakkanar não podia ir. Ele disse: "Como você vai de qualquer maneira, eu ficaria muito grato se mergulhasse minha bengala no sagrado Ganges e a trouxesse de volta." O brâmane concordou e levou a bengala a Benares. No entanto, enquanto ele se banhava no Ganges, a bengala foi levada pela correnteza. Quando o brâmane retornou, relatou o ocorrido a Pakkanar, que lhe respondeu: "Não se preocupe. Vou recuperar minha bengala." Então, deu um mergulho em um lago perto da casa e emergiu com a mesma bengala! Ele disse ao brâmane: "Se você tiver fé suficiente, qualquer água poderá se tornar o sagrado Ganges; e sem fé, o Ganges e o Yamuna nada mais serão do que água comum."

Pergunta – Então, quando a Amma está conosco, todas as águas sagradas estão aqui. Ainda assim, algumas pessoas foram a Rishikesh e a Haridwar.

---

[3] Aqui a Amma se refere a toda a sujeira e poluição que são despejadas no Ganges hoje em dia, às milhares de pessoas que se banham nele e aos corpos mortos que são colocados em suas águas.

Amma – A entrega deles é limitada. Quando você conhece um *mahatma* deve ter a fé inocente e a entrega de uma criança. Se uma pessoa sai em busca de águas santas e lugares sagrados mesmo depois de ter conhecido um mestre espiritual, significa que a fé dessa pessoa ainda não está firme. Você pode obter tudo o que precisa de um *satguru*. Não é necessário ir a lugar algum em busca do que for.

Já ouviram a história de Ganesha? Ganesha e Muruga viram a mãe deles, a Deusa Parvati, segurando uma linda fruta. Ambos desejaram a fruta. A Divina Mãe prometeu-a para aquele que primeiro completasse uma viagem ao redor do mundo. Muruga montou em seu pavão e partiu imediatamente. Mas Ganesha, sabendo que o universo inteiro estava contido dentro de seus Divinos Pais, não foi a lugar algum. Caminhou em torno dos pais e pediu a fruta, que a Deusa entregou alegremente. Aquele que sabia que toda a criação existia em Shiva e Parvati, o Pai e a Mãe do Universo, recebeu a fruta da imortalidade. Da mesma maneira, se você se refugiar aos pés de um *satguru*, tudo lhe será dado. Todas as deidades e todos os mundos estão contidos nos pés sagrados do *satguru*. Depois de desenvolver a fé no mestre espiritual, não deixe que ela seja abalada. Sua fé deve ser firme e incessante.

Viver próximo da Amma nem sempre é fácil. Você pode passar por sofrimentos e dificuldades. Assim que tiver que enfrentar algumas pequenas dificuldades, é possível que queira ir embora. Talvez um de vocês deseje ir a Benares, outro a Haridwar ou aos Himalaias para fazer suas práticas espirituais. Mas, meus filhos, vocês não têm consciência da forma que um *mahatma* trabalha em vocês. Como não entendem, sentem-se perturbados. A Amma opera do interior, muito profundamente, sem fazer qualquer incisão externa. A Amma faz transformações profundas, remove suas *vasanas* de formas sutis. Vocês não se dão conta disso. Talvez seja necessário remover muitas coisas. A Amma está removendo o pus das feridas internas, e isso, às vezes, pode ser doloroso. A Amma tem que extrair muitas coisas. É semelhante a um imã movendo-se sob uma mesa. Vocês vêem apenas as limalhas de ferro sobre a mesa. Não podem ver o imã debaixo dela. Quando ele se move, as partículas de ferro o acompanham e se reagrupam sem que vocês sejam capazes de entender como e por quê. Vocês não entendem e, como o processo pode ser doloroso, talvez queiram fugir.

Suas *vasanas* morrem rapidamente na presença de um *satguru*. Quando todas elas se dissolvem, a Auto-Realização acontece.

Meus filhos, se fizerem práticas espirituais sozinhos, não conseguirão necessariamente eliminar o *prarabdha* de uma centena de vidas; mas se permanecerem na presença de um *satguru* e desenvolverem práticas espirituais, o *prarabdha* de mil vidas poderá ser removido.

Executar práticas espirituais na presença de um *satguru* é como fazer um pequeno buraco perto de um rio. Fatalmente, você encontrará água. Fazer práticas espirituais por conta própria, sem um mestre que o guie, é como tentar tirar água de uma pedra.

Um discípulo, que se rendeu completamente aos pés de um mestre, não o deixará. A idéia de deixá–lo nem sequer passará pela sua cabeça. Mesmo que Deus apareça, o discípulo permanecerá com o mestre, em vez de ir com Deus. O discípulo escolherá o mestre no lugar de Deus.

Certa vez havia um grande asceta que tinha muitos discípulos. Um dia, ele os chamou e anunciou: "Em razão dos frutos de minhas ações passadas, este corpo em breve será afligido pela lepra e pela cegueira. Irei até Benares e lá permanecerei. Algum de vocês deseja ir comigo e me servir durante os dias de sofrimento que me aguardam?"

Os discípulos entreolharam-se com expressões de choque e

temor, mas nada disseram. Então, o mais jovem dos discípulos levantou-se e disse: "Respeitado Mestre, irei com o Senhor".

Mas o mestre replicou: "Filho, você é muito novo e ainda não sabe o que significa servir." Ao que o jovem respondeu: "Reverendo Mestre, estou pronto e definitivamente irei com o Senhor".

O mestre tentou dissuadi-lo, mas o discípulo não desistiu, tão intenso era seu desejo de servir o mestre. E assim, o mestre e seu jovem discípulo partiram para Benares.

Pouco depois da chegada deles, o mestre contraiu a terrível doença e perdeu a visão. Dia após dia, o discípulo devotadamente servia o mestre. Nunca o deixava sozinho, exceto quando saía para mendigar comida ou lavar a roupa. Estava constantemente envolvido nos cuidados ao mestre e se esforçou de todas as formas para atender até mesmo as menores necessidades.

Apesar da devoção inabalável e dedicação extrema, o mestre constantemente chamava a atenção do discípulo com severidade e o acusava de erros que não havia cometido. O mestre ralhava, dizendo que as roupas não estavam bem lavadas ou que a comida estava ruim. Em outras ocasiões, entretanto, o mestre se mostrava amoroso e afetuoso, dizendo que estava dando muito trabalho ao discípulo.

Um dia, Shiva apareceu para o discípulo e disse: "Estou muito satisfeito com sua devoção e dedicação a seu mestre. Você pode pedir uma graça." O discípulo, contudo, não quis pedir alguma coisa sem a permissão do mestre. Por isso, correu até ele, prostrou-se e disse: "Meu reverendo guru, posso pedir a Shiva que remova sua doença?"

O mestre respondeu irado: "Você não é meu discípulo, mas meu inimigo! É seu desejo que eu sofra mais tendo que nascer novamente? Você não deseja que eu esgote meu *prarabdha* agora e me liberte nesta encarnação?"

O discípulo retornou muito triste e disse a Shiva: "Senhor, perdoe-me, mas meu Mestre não me deu permissão de pedir a única coisa que desejo. Quanto a mim, nada desejo de pessoal." Os anos se passaram, e o discípulo, que era o exemplo perfeito da devoção, continuou a servir o mestre com o mesmo amor e entrega. Um dia, enquanto ia até a cidade mendigar comida, Vishnu apareceu e disse: "Meu filho, estou muito satisfeito com sua devoção e dedicação a seu mestre. Estou pronto a oferecer-lhe qualquer graça que deseje. Você não pediu coisa alguma a Shiva. Não me desaponte." O discípulo, então, respondeu: "Mesmo sem ter servido ao Senhor e sequer me lembrado do Senhor um só dia, como é possível estar satisfeito com o meu serviço?"

Vishnu sorriu e retrucou: "Não existe diferença entre Deus e o guru. Deus e o guru são um só. É o seu serviço ao seu mestre que me agrada."

De novo, o discípulo buscou a permissão do mestre para receber a bênção. O mestre lhe disse: "Se você quiser uma bênção para si, pode pedir. Mas nada peça em meu favor."

O discípulo retornou e disse: "Senhor dai-me mais conhecimento e sabedoria, para que eu possa saber a melhor maneira de servir meu mestre de acordo com seus desejos. Na maior parte do tempo, devido a minha ignorância, eu não consigo entender o que ele quer. Ó Senhor, dê-me o conhecimento para servir meu mestre adequadamente." Vishnu ficou satisfeito e disse: "Que assim seja."

Quando o discípulo retornou para o mestre, este lhe perguntou que graça havia pedido ao Senhor. O rapaz contou tudo o que havia ocorrido. De repente, todos os sintomas de lepra desapareceram do corpo do mestre, e sua visão foi instantaneamente restaurada. Ele sorriu para o atônito discípulo e o abraçou. A lepra e a cegueira haviam sido auto-impostas pelo *mahatma* para testar a devoção e a dedicação do discípulo mais jovem. Estabelecido sempre na verdade, o mestre não tinha qualquer *prarabdha* para

dissolver. Abençoou o discípulo com a sabedoria suprema e disse: "Estou muito satisfeito com sua devoção. Os discípulos que servem seu mestre com tanta devoção e dedicação estão salvos de qualquer perigo. Que todos os discípulos e seus discípulos de todos os tempos sejam abençoados por sua causa."

Filhos, vocês agora são como bebês. Brincam e riem com a Amma e se deliciam em Sua companhia. Mas vocês não entendem o que a Amma está fazendo ou quem ela realmente é. Vocês vêem somente a Mãe externa. Quase ninguém está interessado na suprema consciência que existe por trás; não têm a urgência em conhecer o Eu Superior. Vocês não querem realmente a Mãe Verdadeira.

Quando um bebê chora, a mãe coloca uma chupeta na boca dele. O que um bebê com fome realmente precisa é de leite. Mas aqui, os bebês satisfazem-se com uma chupeta sem leite. O mundo externo é como uma chupeta. Vocês, meus filhos, se satisfazem com o riso e a brincadeira. Entretêm-se com os objetos dos sentidos. A Amma vai até onde vocês estão brincando e coloca comida em suas bocas. Por estarem entretidos em seus jogos, não apreciam o valor da comida que a Amma lhes oferece. Vocês não vão progredir se continuarem apenas visitando templos e lugares sagrados.

Meus filhos, vocês devem cultivar o espírito de inocência. Sua inocência e pureza do coração irão salvá-los. Tudo é possível com a fé e a confiança de uma criança.

Pergunta – Mas nós não temos essa inocência, temos, Amma? Não perdemos esse coração de criança?

Amma – Não, vocês não perderam essa inocência. Vocês não assumem um comportamento infantil quando brincam com uma criança? São capazes disso. Quando colocam comida na boca de uma criança, também não abrem as próprias bocas imitando o

83

gesto de ser alimentado? Quando brincamos com as crianças, esquecemos de tudo e nos tornamos como elas, nos deliciamos com as crianças. Esquecemos nosso egoísmo, porque nos unimos aos corações inocentes das crianças. Contudo, a cabeça freqüentemente se interpõe no caminho do coração. Devemos deixar de lado nossa mente racional e mergulhar fundo no coração. Abracem o coração, meus filhos. Se uma mistura de açúcar e areia for deixada por aí, as formigas virão e pegarão somente o açúcar. Desfrutarão daquela doçura. Entretanto, um ser humano, que age a partir do intelecto, não é capaz de fazer isso. Com o intelecto, ele toca apenas a superfície de tudo. Para saborear a doçura, precisamos abrir nossos corações.

Pergunta – Amma, sem nos darmos conta, vamos aonde nossa mente nos manda ir. O que podemos fazer a esse respeito?

Amma – Meus filhos, até agora vocês colocaram a fé na razão. Mas a mente é como um macaco que pula de galho em galho, de um pensamento para outro, e vai continuar fazendo isso até o último momento.

A mente permanecerá até o fim. Fazer da mente sua companheira é como fazer amizade com um tolo sempre criará problemas, e você nunca terá paz. Quando ficamos na companhia de tolos, também nos tornamos tolos. É tolice confiar na mente e segui-la. Não se deixe enganar por ela. Devemos sempre nos lembrar de nosso objetivo – a Auto-Realização. Não devemos nos permitir que qualquer distração nos desvie do nosso caminho.

Vocês carregam todos os seus *samskaras*, portanto devem progredir pouco a pouco, passo a passo. É um processo lento que requer fé e confiança. É importante estar desapegado de seus pensamentos e recusar-se a ser enganado pela mente.

Pergunta – Amma, os maus pensamentos ficam surgindo na mente, por mais que eu tente evitá-los.

Amma – Não tema. Não dê importância a tais pensamentos quando surgirem. Imagine que estamos em uma peregrinação de ônibus. Vemos a paisagem pela janela; algumas cenas são bonitas, outras não. Contudo, independentemente do fascínio das cenas, nós as esquecemos assim que ficam para trás. Não paramos o ônibus cada vez que vemos algo belo. Apreciamos a beleza, mas continuamos em frente e mantemos nossa mente focalizada em nosso destino final. De outra forma, nunca chegaremos. Precisamos nos concentrar em nosso destino. Deixe os pensamentos e as *vasanas* que surgirem em sua mente passarem ao largo, como as paisagens na janela do ônibus. Não permita deixar-se capturar por elas. Assim, não o afetarão tanto.

A mente tem dois lados. Um se fixa intensamente no objetivo e anseia pela realização. O outro olha somente para o mundo externo. Há uma batalha acontecendo entre eles. Contanto que você não se identifique ou dê qualquer importância aos pensamentos que surgem na sua mente, não existe problema.

No momento, sua mente é como um espelho à beira da estrada – reflete qualquer coisa que passe pela frente. Da mesma forma, a mente se projeta para fora, na direção daquilo que vemos ou ouvimos.

No entanto, não possuímos uma qualidade do espelho: embora ele reflita tudo claramente, nada o afeta. Tudo desaparece assim que sai da frente dele. O espelho não está apegado ao que quer que seja. É assim que nossas mentes deveriam ser. Deveríamos nos desligar imediatamente de tudo o que vemos, ouvimos ou pensamos, como uma paisagem que passa na estrada. Não deveríamos apegar-nos a coisa alguma. Deveríamos saber que os pensamentos que vêm e vão pertencem à mente, mas não afetam o Eu Superior. Viva como uma simples testemunha.

Se você quiser apreciar a beleza de um rio que flui suavemente não somente a água, mas também os peixes e as criaturas que o

85

habitam, tudo o que compõe a natureza de um rio será melhor sentar-se em uma ribanceira e observar. Se você mergulhar na água, poderá ser levado pela corrente e até se afogar e não terá a oportunidade de apreciar a beleza do rio. Viva como uma testemunha, sem se deixar levar pelo fluxo mental. Aprenda a se desapegar dele.

Devemos controlar a mente e ter o poder de fazê-la parar, como os freios de um carro novo que controlam a velocidade e param o veículo sempre que necessário. As pessoas têm fé na mente, mas não no mestre espiritual. No entanto, confiar na mente é como colocar-se à mercê de um tolo. A mente é tola; delicia-se em refletir a superfície de tudo o que vê, sem entender a verdade mais profunda.

O *satsang* estar na presença de uma grande alma, ler livros espirituais e ouvir palestras espirituais é muito importante. Essas atividades o ajudarão a desenvolver seu poder de discernimento e lhe trarão paz. O esforço pessoal também é necessário.

O caminho que devemos trilhar é cheio de obstáculos. Precisamos estar sempre vigilantes, como se estivéssemos atravessando uma ponte que não é usada há muito tempo e está coberta de lodo escorregadio. Existe o risco de cairmos a qualquer momento, por isso temos que estar atentos a cada passo. Se cairmos, devemos nos levantar. A queda acontece para que tenhamos a oportunidade de exercitar nossa capacidade de nos levantar novamente. A vitória e a derrota são da natureza da vida. De agora em diante, dê cada passo com grande cautela. Não é bom estar em uma situação negativa ou difícil e não fazer coisa alguma a respeito. Saibam que o risco de cair existe até o último momento, até o limiar da libertação.

Devemos usar nosso discernimento quando os desejos, a raiva e o ciúme aparecerem em nossa mente. Sejam vigilantes enquanto caminharem, meus filhos, porque podem cair a qualquer momento.

Pergunta – Se cairmos, a Amma nos ajudará a levantar?

Amma – Saibam que a Amma está sempre com vocês. Tenham fé. Meus filhos, não há necessidade de ter medo, mas é preciso se esforçar e ser perseverante. Se chamarem pela Amma com inocência e fé, ela estará sempre pronta para ajudá-los. Se você cair, fique em pé novamente. Transforme a queda em uma ascensão.

Pergunta – Os *mahatmas* que alcançaram a Auto-Realização têm apegos ou aversões?

Amma – Não, nesse estado tudo é o mesmo, não há preferências. Há apenas o testemunho observador. Um *mahatma* é o mestre da própria mente e pode sempre dizer não. Se o *mahatma* quiser entrar no jogo, ele usa a mente para fazê-lo, contudo, tem o poder de controlar isso, de interromper o processo a qualquer momento. A mente de um *mahatma* lembra os freios de um carro de luxo; quando você freia, mesmo em grande velocidade, o carro pára imediatamente, sem derrapar.

As pessoas comuns são controladas pelas próprias mentes, são dirigidas pela mente. Mas um *mahatma* tem a mente sob firme controle, ela não exerce poder sobre ele. Simplesmente, ele testemunha tudo em volta. A Amma está falando sobre os verdadeiros *mahatmas*, e não sobre os que andam por aí dizendo que são livres de todos os laços, enquanto ainda abrigam desejos e raiva dentro de si.

Amma vestida de Krishna

O Senhor do Ioga – Protetor do Dharma

Pergunta – A personalidade de Sri Krishna permeia toda a história da cultura indiana. Ainda assim, é difícil explicar muitas de suas ações. Alguns de seus atos poderiam até ser encarados como incorretos. O que a Amma tem a dizer sobre isso?

Amma – Para qualquer um que tenha realmente entendido o Supremo Ser Sri Krishna não existirão dúvidas sobre seus atos. Sua vida continuará a ser um exemplo para as futuras gerações, assim como foi para as passadas. Sua glória é insuperável, sua história é fonte de alegria e inspiração para pessoas de todas as origens.

Se um restaurante servir somente um tipo de comida, atrairá apenas aqueles que gostam daquele tipo de comida. Mas, se oferecer uma variedade de pratos, todas as pessoas serão atraídas, pois haverá algo para todos os gostos. Os ensinamentos do Senhor Krishna são adequados para todos. Ele não veio para ajudar um determinado setor da sociedade. Ele mostrou a todos – até às prostitutas, aos ladrões e aos assassinos – o caminho para o desenvolvimento espiritual.

Sri Krishna nos inspira a seguir nosso *dharma*. Ele não é um chamado para agir de forma injusta ou persistir em ações *adhármicas*. Ele nos exorta a viver de acordo com nosso verdadeiro *dharma*, a permanecermos firmes nele e, assim, progredir em direção ao objetivo final.

O Senhor não nos pede que desperdicemos nosso tempo chorando e lamentando os erros passados. Não é assim que Ele age. Ele nos ensina a corrigir nossos erros e a seguir em frente. Não existe pecado que não possa ser removido por meio das lágrimas do arrependimento. Contudo, uma vez que saibamos o que é certo, não devemos continuar repetindo o que é errado. A mente deve desenvolver a força necessária para continuar no caminho correto. Krishna mostrou-nos como fazer e ensinou a forma mais apropriada para cada um de nós. Ele nos ensinou a nos elevarmos a partir do ponto em que estivermos. O caminho de uma pessoa pode não ser necessariamente o mais adequado para outra. Isso não demonstra alguma falha do Senhor ou de Seus ensinamentos. Simplesmente mostra o reconhecimento das diferenças dos *samskaras* das pessoas.

O Ser Supremo, Sri Krishna, veio para elevar a todos. Alguns questionam suas ações somente porque não tentam realmente compreendê-Lo. Se olharmos para a paisagem do nível do chão, veremos montes e vales, campos e florestas. O mesmo cenário observado do alto, porém, é visto como uma grande extensão verde. Portanto, tudo é uma questão de ponto de vista. Se observarmos as ações de Sri Krishna pela perspectiva adequada, poderemos claramente ver que cada uma delas foi executada com a intenção de elevar as pessoas espiritualmente. Entretanto, se olharmos com olhos manchados pela dúvida, tudo parecerá errado. Aqueles que enxergam o mundo dessa forma não podem ver o que há de bom nas pessoas. Isso não é falha de Deus, ocorre por um defeito no próprio *samskara* interior da pessoa. Mas Krishna mostra até mesmo a essas pessoas o caminho para a elevação. A Índia se deteriorou ao atual ponto porque os ensinamentos de Sri Krishna não foram absorvidos adequadamente.

Uma criança recebe um presente de aniversário lindamente embrulhado em papel de cores estonteantes. Fascinada pelo embrulho, não abre o pacote e não descobre o presente valioso. Foi isso que aconteceu com as pessoas em relação a Sri Krishna. Algumas ficaram fascinadas com seus milagres; outras viram somente erros em seus feitos e O criticaram. Nenhum dos dois lados captou a essência verdadeira e, por isso, perderam a oportunidade do encontro com o próprio Deus. Ambos os lados descartaram a fruta e lutaram pelas cascas! Não estavam prontos para entender a mensagem de sua vida. Ao invés de colecionar elogios ou críticas aos *mahatmas*, seria melhor se absorvêssemos a mensagem de suas vidas abençoadas. Assim, nós mesmos poderemos ter vidas pacíficas e felizes e nos tornar modelos de comportamento para o mundo.

Pergunta – Sri Krishna não saiu do caminho da verdade em muitas ocasiões durante a guerra de *Mahabharata*?

Amma – Não podemos realmente entender ou absorver o significado das ações de Sri Krishna com nossas mentes pequenas. Cada uma de suas ações, cada movimento seu estava firmemente enraizado no *dharma*. É impossível entender as ações de um *mahatma* a partir de uma perspectiva comum. Somente através da profunda contemplação e da pureza de coração poderemos vislumbrar algum sentido nas ações de um *mahatma*.

Um *mahatma* não tem ego. Ele ou Ela é como um pássaro; as normas de tráfego não se aplicam aos pássaros no céu. Mas as pessoas que ainda têm o sentido do ego têm que viver segundo essas regras.

Sri Krishna sempre agiu de acordo com as circunstâncias. Ele tinha um só objetivo: restaurar o *dharma*. Reconhecia a posição do indivíduo, mas, quando tinha que lidar com a sociedade, era a ela que dava a maior importância. Observe Sri Krishna no *Bhagavad Gita*. Não foi por interesse próprio que Ele que nos ensinou sobre o Ser Supremo participou da guerra.

Pergunta – Milhares de pessoas perdem a vida durante uma guerra. Sri Krishna não estaria então endossando a violência quando encorajou Arjuna a lutar?

Amma – Krishna nunca quis a guerra. Ele agia com extrema tolerância. Mas, se a tolerância de uma pessoa poderosa encoraja alguém a se entregar à violência e a ferir os outros, então essa tolerância se tornará uma violência ainda maior. Se nossa tolerância faz com que o outro se torne mais egoísta, será melhor abandoná-la. Mas devemos ser cuidadosos para não abrigarmos qualquer sentimento de vingança ou ressentimento para com aquela pessoa. Não devemos ser contra o indivíduo, devemos ser contrários somente às ações erradas que comete. Sri Krishna não teve ódio de Duryodhana. Apenas queria que este desistisse das ações malignas. Isso era necessário para o bem-estar das pessoas e do país. Somente porque não havia outra opção para atingir esse objetivo que Ele, o Supremo Ser, deu seu consentimento à guerra.

Ele, que tinha capacidade de destruir o mundo todo, prometeu não usar armas na guerra e participou apenas como o cocheiro da carruagem. Isso não prova que Ele não tinha interesse em lutar?

Se Duryodhana tivesse oferecido aos Pandavas ao menos uma casa para eles morarem, Sri Krishna os teria acalmado e os teria convencido a se contentarem com isso. Mas os Kauravas se recusaram a demonstrar até mesmo essa pouca compaixão[1]. Foram os Kauravas, Duryodhana em particular, que levaram todos à guerra.

Quando um país está nas mãos de um governante que é a própria encarnação do erro, isso pode causar a destruição do mundo. Essas pessoas devem ser retiradas do poder o mais rápido possível, pelos meios necessários. Isso é uma forma de mostrar

---

[1] Metade do reino pertencia aos Pandavas. Ao retornarem, após 12 anos do exílio, os Pandavas esperavam receber esta metade de volta, mas seu primo Duryodhana se recusou a restituir-lhes as terras.

compaixão para com a sociedade. Quando você corta uma árvore venenosa, algumas plantas menores junto a ela talvez também sejam removidas. Quando você planta uma árvore frutífera, talvez tenha que retirar algumas plantas pequenas do espaço onde a muda será plantada. Mas pense como esse broto trará benefícios para a sociedade quando crescer e se tornar uma árvore. Além disso, muitas plantas florescerão sob a sombra dela. Se olharmos sob esse ângulo, a destruição inicial de algumas plantas menores, ainda que lamentável, é uma perda aceitável. Não se trata de violência propriamente dita.

Se Duryodhana tivesse permanecido vivo, teria invadido outros países e matado um número ainda maior de pessoas do que na guerra do *Mahabharata*. As ações dele teriam causado um mal ainda maior à sociedade e à civilização no futuro. É preferível proteger o *dharma*, mesmo pagando o preço de umas poucas vidas, a permitir que pessoas *adhármicas* governem indefinidamente à custa de muitas outras vidas e da total deterioração do *dharma*. Isso foi o que Sri Krishna fez, Ele protegeu o *dharma*. A guerra foi a única opção disponível para que o *dharma* pudesse ser preservado. O que Krishna fez foi completamente adequado. Se tivesse agido em benefício próprio, poderíamos criticá-Lo. Contudo, nenhuma das ações dele foi egoísta. Ele não agiu por interesse próprio ou pela família. A razão por trás de tudo o que fez era proteger e preservar o *dharma*, para que as pessoas vivessem em alegria e contentamento.

Pergunta – Krishna estava certo quando instou Arjuna a lutar?

Amma – Sri Krishna nos ensinou a viver com o entendimento de *dharma* e *adharma*. Ele ensinou que até mesmo a guerra é aceitável, se não houver outro jeito de assegurar o *dharma*. Mas sua forma de agir nunca foi impulsiva. Ele mostrou que se deve pegar em armas somente se o inimigo se recusar a adotar o caminho

93

do *dharma*, mesmo depois de ter recebido amplas oportunidades para corrigir seus erros. Cada indivíduo tem um *dharma* específico e deve estar disposto a viver de acordo com ele. De outra maneira, a pessoa e toda a ordem social serão afetadas de maneira negativa. Um *mahatma* não deseja ferir quem quer que seja, nem tem um apego especial a alguém em particular. O único desejo das grandes almas é que o *dharma* seja mantido na sociedade, e trabalham para isso de acordo com as circunstâncias prevalecentes.

Se uma casa pega fogo, você aconselha as pessoas simplesmente a sentarem e meditarem? Não! Você as encoraja a jogar água e apagar o fogo o mais rápido possível. Se necessário, não hesitaria em cortar algumas plantas ou galhos de árvores para usá-los para combater o fogo. Isto seria o mais apropriado a fazer em tal situação. Foi isso que Krishna fez. Uma pessoa corajosa, tendo adotado o curso de ação correto depois de muito refletir, nunca daria as costas e fugiria, pois isso seria contra o *dharma*.

Um *mahatma* dá mais importância ao bem-estar da sociedade do que à felicidade ou infelicidade de um indivíduo. Se fosse permitido que Duryodhana e os partidários dele vencessem, a sociedade ficaria refém do mal. Sri Krishna sabia que o *dharma* somente poderia ser mantido se aqueles indivíduos fossem destruídos. Foi por isso que Ele instou Arjuna a lutar. Ficar parado passivamente e ver o mal se desenvolver, sem tomar atitude alguma ou demonstrar preocupação, seria um mal ainda maior. Foi Duryodhana que causou a guerra. Sri Krishna mostrou-lhe várias maneiras de evitar isso, mas Duryodhana recusou-se a aceitar suas sugestões.

Os Kauravas se apropriaram de todos os bens dos Pandavas por meios ilícitos, roubaram no jogo de dados e tomaram tudo que lhes pertencia. Os Pandavas, em contrapartida, mantiveram-se firmes no caminho da verdade e nunca se desviaram. Sri Krishna tentou negociar a favor deles, mas os Kauravas recusaram a mediação. O Senhor explicou-lhes que os Pandavas não queriam todo o território, que metade seria suficiente. Os Kauravas recusaram qualquer acordo. Assim, Ele perguntou se, pelo menos, dariam uma casa para cada um dos cinco Pandavas viverem. Não, eles responderam. E se fosse uma só casa? O Senhor estava disposto a aceitar até mesmo isso. Somente quando os Kauravas tiveram a arrogância de dizer que não dariam terra suficiente para que espetassem uma agulha, Sri Krishna finalmente aceitou a inevitabilidade da guerra. Quais seriam as conseqüências para a sociedade se aquelas pessoas *adhármicas* fossem toleradas? Principalmente porque não eram pessoas comuns, mas os governantes do território! Se o país tivesse caído nas mãos de tais líderes, o resultado teria sido a ruína total. O bem e o *dharma* teriam desaparecido da Terra, resultando na decadência do povo e do país. O *dharma* do *mahatma* é eliminar o *adharma*, restabelecer o *dharma* e proteger as pessoas. Para isso, Sri Krishna usou os Pandavas como seus instrumentos.

Os governantes devem olhar para o povo como se fosse a própria família. Mas os Kauravas consideravam o povo das terras deles como inimigo. Que bem um país pode esperar de líderes que não tratam com justiça nem mesmo seus próprios primos?

Sri Krishna era infinitamente misericordioso. Viajou para dar conselhos aos Kauravas sobre o *dharma*, mas, quando chegou à corte real, eles tentaram desgraçá-Lo. Permitir que tais pessoas continuassem agindo em liberdade, por qualquer razão que fosse, teria sido cometer uma grande injustiça contra a sociedade e contra a causa do *dharma*.

Sri Krishna tentou todos os quatro meios tradicionais: conciliação, caridade, reprimenda e punição. Somente quando fracassaram todos os outros meios, Ele recorreu à guerra para destruir os perpetradores do *adharma*.

95

Um mestre espiritual tinha um discípulo no exército, quando estourou uma guerra contra outro país. O discípulo fugiu do exército e procurou o mestre, dizendo que não queria mais fazer trabalho algum e que desejava tornar-se *sannyasin*. O inimigo avançava, e o país estaria em perigo se não houvesse soldados suficientes na frente de batalha. O mestre sabia que o rapaz queria tornar-se monge só por causa do medo e não em razão de um verdadeiro desapego. Por isso, instilou coragem no discípulo e o mandou de volta ao campo de batalha. O mestre não fez isso porque tivesse qualquer interesse na guerra, mas sim porque, naquele momento em particular, era dever daquele discípulo lutar, pois era um soldado. Nunca é certo ser covarde e fugir; uma pessoa sem coragem nunca poderá alcançar a liberação simplesmente porque tomou os votos de monge. O mestre ensinou o discípulo sobre o *dharma* apropriado e deu a ele forças para prosseguir.

Seria certo dizer a um soldado no campo de batalha que abandonasse tudo e se tornasse um monge por ser esse o caminho da liberação? Os soldados têm a responsabilidade de salvaguardar a segurança do país. Se faltarem ao cumprimento do dever, estarão traindo tanto a si mesmos quanto ao país. Quando a segurança de um país está sob ameaça, o *dharma* do soldado não é abandonar o mundo e se tornar um renunciante, mas enfrentar o inimigo. Se o soldado nesse momento decidir abandonar tudo, não terá sucesso a natureza não permitirá.

Os grandes mestres espirituais nascem para conscientizar as pessoas do *dharma* e para conduzir o mundo pelo caminho da retidão. Se os soldados não forem fiéis ao dever, o país estará em perigo, e o povo sofrerá. Para evitar isso, o único conselho que um verdadeiro sábio pode dar a um soldado é que ele desempenhe seu dever adequadamente. Isso não significa que os grandes mestres endossem assassinatos e violência. Apenas conclamam as pessoas a seguirem o caminho do *dharma* apropriado ao momento. Por isso, devemos considerar as circunstâncias ao avaliar os ensinamentos e as ações de um *mahatma*. A situação de Arjuna não era diferente daquela do soldado da história. Ele também expressou o desejo de renunciar a tudo. O desejo surgiu do apego a seus familiares presentes no lado oposto do campo de batalha. Mas, naquele momento, o *dharma* de Arjuna não era renunciar ao mundo, mas guerrear. Seu desejo de renúncia não nascera da compreensão e do discernimento entre o eterno e o efêmero, mas sim do apego. Sri Krishna sabia disso, por isso encorajou Arjuna a lutar.

Ele não mandou Arjuna lutar simplesmente pelo bem da guerra; queria que Arjuna se mantivesse fiel ao *dharma*. Se Sri Krishna tivesse querido a guerra, poderia ter persuadido os Pandavas a lutarem muito tempo antes, pois não haveria necessidade de esperar. Se a pessoa se desvia do próprio *dharma* por apego, medo ou qualquer outra razão cria um efeito danoso na sociedade e em todo o país. Os *mahatmas* sabem disso e, assim, incentivam as pessoas a seguirem o *dharma* apropriado às circunstâncias.

Aqueles que conhecem o Eu Superior são sempre compassivos, desejam ver a sociedade convivendo em paz e harmonia, evitando a discórdia e as guerras. Isso só poderá ser alcançado se o *dharma* prevalecer. Esse é o modelo que o Supremo Ser Sri Krishna nos apresenta.

Pergunta – Embora se diga que todos eram iguais aos olhos de Krishna, Ele não teria uma ligação especial com os Pandavas?

Amma – Nem um só ato de Sri Krishna surgiu do apego. Uma pessoa que não é apegada aos próprios familiares, incluindo os próprios filhos, poderia ter apego a qualquer outro? Mesmo quando os filhos e parentes de Sri Krishna lutaram entre si e morreram por serem arrogantes, Ele não perdeu o equilíbrio. Não houve mudança na expressão de Seu rosto. Uma pessoa com o mais leve traço de apego não pode iluminar o caminho do *dharma* para o mundo. Uma mente nublada pelo apego não pode distinguir entre o certo e o errado.

Krishna não mostrou qualquer preferência entre Duryodhana e Arjuna quando ambos vieram pedir-lhe ajuda antes da guerra. Ele lhes deu o que pediram. Quando Duryodhana requisitou o exército de Krishna, Ele o atendeu sem hesitação. Arjuna nada pediu além da presença do próprio Krishna e não mudou de decisão, mesmo depois que o Senhor lhe explicou que não pegaria em armas durante a batalha. Foi pela virtude da devoção altruísta e da atitude de entrega de Arjuna, e não por apego, que Sri Krishna tomou o lado dos Pandavas.

Oferece-se água a uma pessoa, mas ela recusa e afasta o copo. Outra pessoa atormentada pela sede suplica por água e recebe o quanto quer. Podemos dizer que aquele que ofereceu água demonstrou apego? Duryodhana não queria Krishna; queria seu exército. Arjuna não tinha qualquer desejo pelo exército de Krishna, apenas pela presença do próprio Deus. E Ele deu a ambos o que queriam.

Sri Krishna manteve sua promessa e se tornou o guia da carruagem de Arjuna. Quando, no campo de batalha, Arjuna se refugiou aos seus pés como discípulo, Krishna lhe revelou seu *dharma* através das palavras do *Bhagavad Gita*. Portanto, quando a fonte que gera a ação da pessoa está isenta de apego, o conhecimento do Eu Superior torna-se o guia que mostra o caminho. Krishna mostrou sua forma cósmica tanto para Arjuna como para Duryodhana, que a desdenhou, dizendo que se tratava de algum tipo de mágica. Arjuna, ao contrário, acreditou no que viu e se entregou aos pés de Sri Krishna. A fé e a humildade de Arjuna conquistaram a vitória para os Pandavas.

Somente a presença de Sri Krishna permitiu aos Pandavas perdoarem os Kauravas pela grande injustiça que haviam cometido.

Se Krishna não estivesse presente, os Pandavas teriam destruído Duryodhana muito antes. O caminho do *dharma* não é de arrogância e grosseria, mas de suprema tolerância e humildade. Foi isso que Krishna mostrou ao mundo com o exemplo dos Pandavas.

Pergunta – É certo adotar um caminho de violência, mesmo que seja para a preservação do *dharma?*

Amma – Ao julgarmos se um curso de ação é violento ou não, não devemos examinar apenas o ato em si. É a atitude *por trás* da ação que é importante.

Uma mulher emprega uma menina para limpar a casa e lhe dá uma carga de trabalho mais pesada do que pode agüentar. Por mais que ela trabalhe, não consegue fazer todo o serviço e acaba em lágrimas pela repreensão que recebe da patroa, sem ter ninguém para consolá-la. A mesma mulher bate na própria filha porque ela só quer brincar em vez de estudar. A filha senta sozinha em um canto e chora. Ambas as meninas, a filha e a empregada, estão em prantos. A surra dada na filha não pode ser chamada de violência, porque a mãe a puniu com a boa intenção de melhorar o futuro dela. Isso não é violência, mas uma expressão de amor pela filha.

Embora a mulher não tenha batido na empregada, o comportamento dela foi cruel. Na verdade, foi uma forma de violência. Uma mãe de verdade agiria assim com a própria filha? Nesse exemplo, devemos prestar atenção nas diferentes atitudes por trás das duas ações.

Um paciente que sofre de uma doença fatal morre durante uma cirurgia. Mesmo assim, todos cumprimentam o médico pelo enorme esforço em salvar aquela vida. Em outro lugar, um ladrão usa o mesmo tipo de estilete utilizado pelo cirurgião para apunhalar um policial que tentava impedi-lo de roubar. Enquanto a ação do médico foi não-violenta (*ahimsa*), a do ladrão foi violenta (*himsa*).

Quando existe comida mais do que suficiente para uma refeição, é uma forma de violência matar uma galinha para preparar um prato a mais apenas para aumentar o prazer do jantar. Arrancar uma flor de que não precisamos também é uma forma de violência. É a atitude por trás do ato que o transforma em violento ou não. O dano causado a qualquer ser vivo por egoísmo, para aumentar nossa própria felicidade ou conforto, é uma forma de violência. Se tivermos que causar dor em uma pessoa perigosa em prol do bem-estar da sociedade, isso não pode ser considerado violência. Por essa razão a guerra do *Mahabharata* é chamada de guerra do *dharma*.

Pergunta – Sri Krishna matou seu próprio tio, Kamsa. Como esse ato pode ser justificado?

Amma – Quando lemos livros sagrados como os *Puranas*, não devemos simplesmente acatar as histórias ao pé da letra. Precisamos ir além das palavras para tentar entender os princípios subjacentes. O uso de parábolas é como o uso dos dedos para ensinar uma criança cega a ler Braille. As histórias funcionam apenas como uma ajuda para entender os princípios. O *atma tattva* (princípio do Eu Superior) está entremeado nessas histórias. Somente quando compreendermos esse princípio mais profundo poderemos colher os plenos benefícios dessas histórias.

Sri Krishna queria preparar as pessoas para que pudessem usufruir da bem-aventurança eterna, para que alcançassem a Auto-Realização. Contudo, esse estado só pode ser alcançado através do caminho do *dharma*. Algumas pessoas que não têm discernimento são avessas até a pronúncia da palavra *dharma*. Kamsa era assim. Por mais que recebesse conselhos, faltava-lhe maturidade mental para aceitar o conselho de quem quer que fosse. Aqueles que negligenciam o caminho do *dharma* nunca poderão alcançar o conhecimento do Eu Superior.

Sri Krishna veio à Terra pelo bem tanto dos virtuosos quanto dos pecadores. Sua missão também incluía levar os pecadores a Deus. Ele fez todo o possível para infundir um sentido de *dharma* nos que estavam no caminho errado. Mas eles estavam embriagados com a identificação com o corpo e recusaram-se a abraçar o *dharma*. Restou somente uma opção a Krishna: destruir os corpos deles, que eram a inspiração de todos os atos maléficos e que sustentavam todos os sentidos voltados para fora. Assim, Krishna permitiu que isso acontecesse; foi a única forma de lhes convencer sobre a impermanência do corpo e da natureza eterna do Eu Superior. Somente através dessa experiência eles poderiam alcançar a compreensão de que eram herdeiros da Felicidade Eterna, que está além do alcance dos sentidos.

Às vezes, uma mãe joga fora as roupas do bebê porque estão encardidas demais para serem lavadas. Ela faz isso só para poder vestir o filho com roupas novas. Você diria que isso é uma injustiça? No caso de uma pessoa *adhármica,* que ameaça a vida dos outros e o bem-estar da sociedade, o último recurso talvez seja liberar essa pessoa do invólucro corpóreo atual, quando todos os outros meios falham. Quando aquela alma recebe um novo corpo, pode perceber a grandiosidade do *dharma* e continuar pelo caminho correto em direção do objetivo final. Quando uma árvore está infectada por uma doença incurável, é cortada rente à base. Isso evita a infecção dos novos brotos. As novas plantas crescerão saudáveis e produzirão bons frutos.

Sri Krishna sabia que Kamsa nunca iria aderir ao caminho do *dharma* durante aquela vida. A mente e o corpo dele estavam completamente imersos em *adharma*. Aquele invólucro corpóreo tinha que acabar, e um novo tinha que ser recebido. Quando ele morreu pelas mãos de Krishna, deixou o corpo com os olhos e a mente focalizados no Senhor. Dessa forma, todos os seus pecados foram eliminados. Era, na verdade, o desejo mais profundo de Kamsa morrer nas mãos do Senhor. E Ele atendeu a esse desejo. Embora do ponto de vista externo Sri Krishna tenha matado Kamsa, o que realmente aconteceu não foi assim tão aparente. O Senhor tirou a alma de Kamsa para fora do corpo e criou as circunstâncias corretas para que Kamsa alcançasse o Supremo Ser Superior; destruiu o ego de Kamsa e elevou a alma dele até o estado supremo. Suponha que você tenha desenhado leões e leopardos na parede. Se apagar esses desenhos, os animais deixarão de existir e restará apenas uma parede limpa. A parede serviu como base para a existência da imagem daqueles animais. Se quisermos, também poderemos desenhar veados e coelhos naquele mesmo lugar. Então, os leões e leopardos realmente morreram? E os veados e coelhos chegaram realmente a nascer? Na realidade, apenas algumas linhas na parede mudaram de posição, e os nomes e formas mudaram também. A parede subjacente continua sempre a mesma. Krishna destruiu apenas a natureza egoísta em Kamsa e não o Ser Superior interno. Precisamos entender esse ponto.

Pergunta – Alguns dos atos de Krishna, como, por exemplo, o roubo das roupas das *gopis* e a *rasa-lila*, não seriam inadequados a uma encarnação divina?

Amma – Quem critica Sri Krishna por ter roubado aquelas roupas só pode ser chamado de ignorante. Ele tinha apenas seis ou sete anos de idade naquela época e a única coisa que queria era deixar a todos felizes. Queria quebrar as limitações artificiais do orgulho e da vergonha, além de despertar cada alma para a consciência do Ser Supremo. Um bebê no colo da mãe não está pensando em roupas. Cada um de nós deve desenvolver a atitude de ser um doce bebê de Deus. Devemos cultivar a atitude de total inocência voltada para Deus, não afetada pela consciência do corpo. Deus não pode ser alcançado sem que se deixe de lado o sentimento de orgulho e vergonha. Sem abandonar a identificação e o apego ao corpo, não poderemos nos elevar ao nível do Eu Superior. Antigamente, as mulheres de Kerala não cobriam os seios, e as pessoas não estranhavam isso. Como as pessoas reagiriam hoje em dia? A forma como as pessoas no Ocidente se vestem durante o verão pareceria reprovável para nós na Índia. Mas, como é o costume que prevalece no Ocidente, e as pessoas estão acostumadas com ele, ninguém vê algo de errado nisso. Até mesmo os indianos que se perturbariam com isso mudariam de atitude se permanecessem algum tempo no Ocidente. Alguns deles até adotariam essa forma de se vestir.

Os conceitos de orgulho e vergonha são criações da mente. Apenas quebrando essas cadeias que mantêm a mente fechada poderemos alcançar os pés de Deus.

A Amma não quer dizer que todos devem desistir de usar roupas! Quer dizer apenas que nada deveria permanecer no caminho da nossa completa lembrança de Deus. O que precisamos é da libertação de todos os laços que afastam nossa mente de Deus.

A *rasa-lila* não aconteceu no plano comum dos sentidos, como as pessoas hoje em dia acreditam. Durante a *rasa-lila*, as *gopis* experimentaram a beatitude da fusão da alma individual com o Supremo Ser. Por causa do amor divino delas, o Senhor apareceu para cada uma das *gopis*. Com seu poder, abençoou cada uma com a visão do Ser Superior.

A *rasa-lila* é algo que uma mente imersa nos sentidos não pode sequer imaginar. Só quando a mente e os sentidos estiverem libertos de todo apego aos objetos, haverá a esperança de experimentar ainda que uma ínfima fração da bem-aventurança divina que as *gopis* sentiam durante a *rasa-lila*.

Cada *gopi*, no relacionamento com Sri Krishna, tinha a postura da amante em relação ao seu Bem-Amado (*madhura bhava*). Essa atitude também existe no cristianismo. As freiras se consideram noivas de Jesus. Isso prejudica a imagem de Cristo de alguma maneira? Representa o relacionamento entre a alma individual e o Supremo Ser. Somente alguém que tudo observa com um olhar terreno poderia achar isso errado. Krishna não desperdiçou uma oportunidade de levar pessoas de todos os tipos à felicidade eterna. Através de cada situação, tentava acender a chama divina dentro das pessoas e acrescentar o combustível de seu amor à luz do Eu Superior que brilhava nesses corações. O Senhor é responsável pela criação e também é aquele que liberta a alma dessa mesma criação. A liberação é possível apenas através da remoção da consciência identificada com o corpo. Aí reside o próprio objetivo de sua encarnação como Krishna.

Pergunta – No *Gita*, Krishna diz que, aconteça o que acontecer, não devemos jamais abandonar nosso próprio *dharma*. Como, então, uma pessoa pode trocar a profissão por um outro trabalho mais rentável?

Amma – Naquela época, muitas pessoas acreditavam que poderiam obter a liberação somente se deixassem de lado todo carma (ação), retirando-se para a floresta e vivendo como *sannyasins*. Em resposta a isso, Sri Krishna proclamou que não era necessário abandonar tudo, mas que as pessoas deveriam executar seus deveres no mundo firmemente estabelecidas no próprio *dharma*. Ele deixou bem claro que não devemos abandonar nossos deveres, mas que cumprir nossos deveres com a atitude correta leva à liberação.

Existe uma outra dimensão do conceito de *dharma*. Uma criança que nasce na família de um escultor poderá facilmente se tornar um bom escultor, porque as circunstâncias favorecem esse potencial. Muito provavelmente, a criança nasceu com o mesmo dom. O talento do pai ou da mãe é herdado pelo filho. Essa criança poderá levar dez dias para aprender o que outros levariam um ano. Por isso, existe um grande potencial para progresso, caso a pessoa trabalhe com determinação na habilidade que herdou dos pais. As pessoas que não são do ramo têm que aprendê-lo a partir dos elementos mais básicos.

Antigamente, a maioria das pessoas trabalhava em suas vocações tradicionais em suas próprias casas; não iam para escritórios ou fábricas. Todos da família participavam dessa atividade tradicional. As pessoas começavam a trabalhar na profissão da família após receber a educação em um *gurukula*. Decidia-se à qual das quatro castas[2] principais a pessoa pertencia, baseando-se na profissão escolhida e não em hereditariedade. Ninguém nasce nessa ou naquela casta em particular todos são simplesmente filhos de Deus.

Somente quando as pessoas cresciam eram divididas em castas diferentes, segundo os trabalhos que executavam. Uma criança nascida na casta *kshatriya* (guerreira) tinha o direito de se tornar um brâmane (monge ou professor védico), e um filho de uma família brâmane poderia tornar-se um *kshatriya*.

Quem trabalhava com madeira era chamado de carpinteiro. Mesmo que tivesse nascido e sido criado como brâmane, continuaria sendo chamado de carpinteiro. Com a degeneração das regras do *Sanatana Dharma*, a herança familiar tornou-se a única indicação da casta de uma pessoa.

Antigamente, as pessoas não trabalhavam só pelo salário. O objetivo de todas era a Auto-Realização, e o trabalho era uma forma de alcançar esse estado. Por meio da perfeição no trabalho, as pessoas provavam a experiência de Deus.

---

[2] As quatro castas principais: *brâmanes* (monges e professores védicos), *kshatriyas* (guerreiros), *vaishyas* (mercadores) e *sudras* (trabalhadores).

Quando todos procuram trabalhar apenas pelo ganho material, a harmonia da ordem social é perdida. O egoísmo e a avareza prevalecem.

Naquele tempo, não existia o costume de pagar uma soma predeterminada em dinheiro aos trabalhadores. As pessoas recebiam a quantia que atendia as suas necessidades e ficavam satisfeitas com isso. Havia um ambiente de amor entre empregados e empregadores, ambos se respeitavam. Aqueles que pagavam os salários e aqueles que os recebiam estavam plenamente satisfeitos. Esse costume desapareceu à medida que as pessoas se tornaram mais egoístas. A atitude dos patrões mudou para "salário menor, mais trabalho", e os funcionários começaram a pensar: "menos trabalho, salário maior."

Costuma-se dizer que, quando se visita um templo, não se deve contar o que será oferecido à divindade, mas oferecer um punhado de dinheiro. Hoje em dia, as pessoas separam alguns trocados que, mesmo doando um punhado, não somarão mais do que algumas rúpias.

Hoje, as pessoas querem que os filhos se tornem engenheiros e médicos para que sejam respeitados na sociedade e ganhem muito dinheiro. Poucos pais prestam atenção às aptidões reais dos filhos. Se o espírito de competitividade que prevalece na educação for sadio, ajudará as crianças a se desenvolverem e a manifestarem seus talentos. No entanto, a competição atual provoca tensão entre os alunos. Quando não alcançam seus objetivos, perdem a força mental e acabam passando o resto da vida em desespero. Esse sentimento leva muitos ao suicídio. Não se dever permitir que isso aconteça. Os objetivos da educação e da conquista de um emprego devem ser o desenvolvimento espiritual e o serviço para o mundo. Essa meta nos dará motivação para nos desenvolvermos em qualquer campo. Mesmo se fracassarmos, isso apenas servirá para nos estimular a tentar de novo e a não sucumbir em desespero, desperdiçando nossas vidas.

Quando escolhemos uma área profissional para ser o trabalho de nossa vida, devemos tentar ganhar o máximo de experiência possível. Devemos permanecer nessa área e encontrar sucesso na vida. O objetivo na vida não é tornar-se milionário, mas usufruir a bem-aventurança eterna. Ainda assim, o chefe de família (a pessoa que leva vida de casado) tem o dever de sustentar a família. Quando aceitamos remuneração por nosso trabalho, nosso único objetivo deve ser ganhar o suficiente para atender nossas necessidades.

Antigamente, as pessoas trabalhavam com afinco, depois usavam o salário no que era necessário para a família e doavam o restante aos pobres. Hoje, a administração de negócios é uma das atividades mais almejadas na sociedade. O comércio é necessário para o progresso econômico de um país, mas o ganho pessoal não deve ser a única meta nos negócios. O progresso do país também deve ser levado em consideração. Ainda assim, encontramos muitos comerciantes e industriais que não só ganham dinheiro suficiente para eles mesmos como também para milhares de gerações futuras!

Ao mesmo tempo, à sua volta, milhares de pessoas batalham, incapazes de juntar dinheiro suficiente para uma refeição. Quase ninguém pensa sobre isso. A meta das pessoas atualmente é ter o maior lucro possível para si mesmas, mesmo à custa de outras pessoas.

Se deixar seu campo de trabalho em busca de outro, significa que não está satisfeito. Mas não necessariamente você vai se contentar com o próximo trabalho, porque o contentamento depende da mente, e não de condições ou situações externas. Se a pessoa deixa o emprego com o desejo de lucros excessivos, simplesmente demonstra sua ambição. Se não mudar a atitude, nunca encontrará felicidade na vida. Mas aos que mantêm a mente sob controle, todas as situações são favoráveis. Gostam de qualquer área de trabalho, nada os deixa insatisfeitos. Devemos cultivar este estado de espírito em qualquer trabalho que façamos. Se abandonarmos um tipo de trabalho e começarmos outro, poderemos ficar temporariamente satisfeitos, mas isso não vai durar. Uma serpente congelada que descansa na neve parece inofensiva, mas basta aquecê-la um pouco, e ela logo mostrará a natureza real de uma serpente, sibilando e ameaçando-o. Do mesmo modo, a mente mostrará a real natureza dela assim que as circunstâncias surgirem, e você perderá sua paz de espírito. Não se controla a mente mimando-a e dando-lhe tudo o que pede. Devemos controlá-la e voltá-la na direção da verdadeira meta.

Krishna aconselhou Arjuna a manter-se firme no próprio dever e, assim, atingir o sucesso na vida. Você pode fazer o trabalho que quiser – é a sua atitude que deve ser mudada. Então, até mesmo lutar no campo de batalha torna-se um oferecimento sagrado (*yajna*). Foi isso o que Sri Krishna aconselhou. Ele não disse para deixarmos nosso trabalho por algum motivo egoísta, nem que devemos abrir o terceiro olho à custa do fechamento dos dois olhos físicos. Seu exemplo nos ensina a ver por nosso terceiro olho mantendo os outros dois abertos. Em outras palavras, Sri Krishna nos diz para enfrentarmos a vida observando a unidade subjacente de toda a criação.

Pergunta – Embora Sri Krishna tenha prometido não pegar em armas durante a batalha, Ele acabou lutando. Isso não foi errado?

Amma – Cada palavra e ato de Sri Krishna foram pelo bem dos outros e não em seu próprio. Como Ele poderia usar armas, quando Arjuna e Bhishma, ambos seus devotos, lutavam em lados opostos? Portanto, Ele se recusou a lutar. Quando Bhishma mandou milhares de flechas em sua direção, Ele apenas sorriu.

Quando essas flechas contundentes cobriram seu corpo de feridas ensangüentadas, Ele as recebeu como pétalas de flores oferecidas em adoração. Bhishma, que era devoto, um grande guerreiro e um homem que só falava a verdade, tinha jurado forçar o Senhor a usar sua arma. Incapaz de demover Sri Krishna de sua decisão, Bhishma começou a atirar flechas em Arjuna, que estava bem atrás dele. Naquele momento, Arjuna estava vulnerável e impossibilitado de se defender da saraivada de flechas. Sua carruagem começou a se despedaçar, e isso representava um grande perigo. Sem perder tempo, Krishna pulou do carro e correu em direção de Bhishma com o *chakra sudarshana* (disco divino) na mão. Então, em um só tiro, mesmo tendo que quebrar seu voto, o Senhor atendeu ao juramento de Bhishma somente para proteger Arjuna. Com esse ato, Ele atendeu a dois de seus devotos. Sri Krishna tinha que proteger Arjuna, pois ele era seu discípulo. E como Bhishma também era seu devoto, o dever de Krishna era tornar as palavras dele verdadeiras, protegendo, desse modo, a honra do devoto. Ele estava disposto a sacrificar sua própria reputação como encarnação da Verdade, mostrando, assim, sua incomparável compaixão.

O fluxo da graça de Deus para o devoto não depende de *dharma* ou *adharma*, nem é governado pelas leis de causa e efeito. A graça de Deus não é limitada por qualquer regra. É por isso que os sábios louvam a Deus como o Oceano de compaixão sem causa (compaixão espontânea, sem motivo).

Pergunta – Qual a relevância de Krishna e Rama nesta era científica?

Amma – Todos elogiam com entusiasmo as conquistas da ciência. É verdade que os avanços científicos têm contribuído muito para o progresso da humanidade, ajudando a aumentar nosso conforto material e sentido de bem-estar. Viajar de um lugar a outro é muito mais fácil hoje do que antigamente. Uma viagem que durava vários dias agora pode ser feita em alguns minutos. O tempo que economizamos pode ser usado para outros propósitos. Uma pessoa que usa um computador pode realizar certas tarefas que antes exigiam cem pessoas. É verdade que fizemos um grande progresso no nível material, mas, ao mesmo tempo, a mente se enfraqueceu. Quantas pessoas que usufruem plenamente dos avanços tecnológicos são capazes de dormir em paz à noite? A Amma já conheceu muitas pessoas que vivem em ambientes refrigerados e mesmo assim não conseguem dormir sem tomar remédios. Com isso, vemos que os avanços científicos não são suficientes para oferecer paz de espírito. Observe quantos milionários cometem suicídio. Falta-lhes alguma coisa do ponto de vista material? Se tivessem paz de espírito, certamente não precisariam cometer um ato assim. Hoje em dia, muitas pessoas possuem muitas coisas materiais, mas não têm o que realmente precisam – paz e felicidade.

Antigamente, as pessoas não tinham problemas para dormir, mesmo sem a existência de luxos como o ar-condicionado. Hoje, aqueles que estão acostumados a ventiladores e condicionadores de ar não conseguem viver sem eles. Se faltar eletricidade durante a noite, as pessoas não conseguem dormir. As células daqueles que passam a maior parte do tempo em ambientes refrigerados, sem respirar ar fresco, gradualmente são prejudicadas por esse ambiente, que também destrói os poderes naturais do copo. Algumas pessoas têm que tomar chá de manhã, senão ficam com dor de cabeça. Desenvolvemos muitos hábitos ruins, e a mente é a única responsável por isso.

Nossas mentes e corpos, que eram fortes porque se vivia em harmonia com a natureza, tornaram-se fracos. Há muito tempo, as pessoas viviam em perfeita harmonia com a natureza e não eram perturbadas por mudanças climáticas ou quaisquer outras mudanças naturais. Hoje em dia, no entanto, as pessoas se isolam do ambiente natural em volta e vivem em mundos separados, artificiais e egocêntricos, sem se darem conta de que a constante busca por prazeres temporários as leva a mergulhar em uma tristeza sem fim. Nossos ancestrais sentiam um contentamento e uma felicidade muito maiores. Eram mais saudáveis e viviam por muito mais tempo do que as pessoas de hoje. Estruturas de pedra magníficas e gigantescas, incluindo torres de templos, estão de pé até hoje, como prova da força física desses indivíduos. As pessoas de hoje seriam capazes de levantar sequer uma dessas pedras? Não havia muitas máquinas naquela época, e as pessoas sabiam como viver em harmonia com a natureza.

A ciência, que deveria ajudar as pessoas e aumentar o conforto material delas, está se transformando no prenúncio da morte para a humanidade. Nas mãos de pessoas egoístas, a tecnologia é usada para explorar os vizinhos. Em lugar de paz e amor, competição e violência estão assolando o mundo. Para que a ciência beneficie a todos, temos que aprender como amar, como sermos misericordiosos e como cultivar qualidades nobres.

Atualmente, cada descoberta científica faz aumentar a arrogância das pessoas. "Quem é você para discutir conosco? Veja as conquistas de nosso país!" Essa se tornou a atitude de todos governantes. A cada dia, surgem mais conflitos entre os indivíduos e entre as nações. As pessoas parecem cada vez mais ansiosas em se afastar das praias do amor na direção das águas turbulentas da arrogância.

A Amma não está, de forma alguma, criticando ou diminuindo a importância das descobertas científicas, mas elas não deveriam secar a fonte de amor dentro de nós. Melhoramos o mundo externo, mas o universo interno está murchando. No passado, as pessoas recebiam o treinamento do qual precisavam para manter a mente sob controle em todas as circunstâncias, não tinham que passar pela vida enfraquecidas por coisas insignificantes. Se você cair em águas profundas e não souber nadar, não sobreviverá, independentemente de tudo o mais que tenha aprendido. Da mesma forma, por mais que aumente seu conforto material, não poderá usufruir da paz de espírito se não tiver treinado a mente. No futuro, as pessoas ficarão muito fracas se não forem capazes de encontrar descanso dentro de si mesmas, porque será cada vez mais difícil encontrar alguém que as ame sem esperar nada em troca. Corajosos são aqueles que encontram a paz na própria mente, sob todas as circunstâncias, e não os que dependem de outras pessoas ou de objetos materiais para a felicidade. Foi isso que Sri Rama, Sri Krishna e outras encarnações divinas nos ensinaram.

O príncipe Rama era muito querido por seus pais, professores e pelos habitantes do país. Vivia em meio ao esplendor real, quando, de repente, foi mandado para o exílio na floresta e forçado a deixar tudo para trás. Os confortos do palácio não estavam mais a sua disposição; não havia mais iguarias deliciosas, a cama forrada de seda ou os serventes para lhe abanarem. Ainda assim, Ele viveu na floresta com a mesma paz de espírito que tinha no palácio. Em sua mente, que estava em perfeita harmonia com a natureza, o reino e a floresta eram a mesma coisa. Rama não encontrou dificuldade alguma em se adaptar às circunstâncias como elas se apresentaram, porque sua mente estava plenamente sob controle. Sendo um *atmarama* (aquele que se delicia no Eu Superior), encontrava o êxtase dentro de Si.

Essa mesma qualidade pode também ser observada na vida dos Pandavas, que viviam de acordo com os conselhos de Sri Krishna. Eles nunca discutiam entre si; nem mesmo os testes mais difíceis da vida puderam prejudicar a união ou o amor mútuo deles.

Hoje, quando três pessoas vivem sob o mesmo teto, comportam-se como se vivessem em três planetas diferentes. Não existe uma real ligação entre elas, nenhuma união de corações. Isso demonstra como o egoísmo das pessoas ficou poderoso. Se nossas mentes não forem fortes o suficiente nessas condições, os índices de doença mental e de suicídios aumentarão. Houve um tempo em que um laço de amor unia as pessoas. Hoje, elas são unidas com a dura cola do egoísmo, que pode quebrar a qualquer momento, sem deixar nada em seu lugar para mantê-las unidas. Estamos mergulhados em uma cultura que estimula pensamentos e emoções impuros. A única preocupação dos indivíduos é satisfazer os sentidos. Todos os seus esforços estão concentrados nesse objetivo e, para isso, precisam de muito dinheiro. Para conseguir dinheiro, por diversas vezes recorrem à corrupção, o que leva a um aumento do crime e da violência. Nesse mundo de gratificação temporária dos sentidos, sobra pouco espaço para as qualidades da maternidade ou para o sentido de fraternidade, fazendo com que a inquietação se espalhe pela sociedade. Isso coloca a segurança dos países em risco e também destrói a harmonia da natureza.

Em uma época como esta, a vida e os ensinamentos de Krishna são mais relevantes do que nunca. O que aprendemos ao estudar seus ensinamentos? Compreendemos que o prazer dos sentidos e a auto-indulgência nunca nos farão felizes, e que o estado de bem-aventurança eterna só pode ser encontrado dentro de nós mesmos. Krishna nos ensina isso repetidas vezes. Contudo, Ele não nega completamente os prazeres dos sentidos. Simplesmente nos recorda que existe outro significado e propósito para a vida.

Todos os excessos devem ser evitados. Devemos comer o suficiente apenas para saciar nossa fome. Os especialistas da área de saúde sugerem que, para manter uma boa saúde, somente a metade do estômago deve ser preenchida com alimento, um quarto com água e o restante deve ficar vazio. A ciência espiritual também explica como manter a saúde mental. A idéia não é que devemos nos abster de todos os prazeres, mas que nunca devemos nos tornar escravos de nossos sentidos ou dos hábitos da mente. Devemos ser os mestres da mente e dos sentidos. Juntamente com a alegria de usufruir dos prazeres dos sentidos, é importante também praticar algum grau de renúncia. O chocolate é doce, mas, se comermos demais, ficaremos doentes. Portanto, devemos praticar a restrição, mesmo que desejemos exagerar. Existe um limite para o uso de todas as coisas e isso é para o nosso próprio bem. O autocontrole nunca atrapalha a liberdade. O que aconteceria se as pessoas dirigissem da forma que quisessem, alegando que as regras de trânsito violam a liberdade? Os regulamentos são essenciais para a segurança de todos. Assim, é necessário observar certas regras espirituais, se quisermos usufruir de felicidade e satisfação perenes.

Ao observarmos a situação por todos os ângulos, podemos ver claramente que aplicar os princípios espirituais em nossa vida diária é a única forma de trazer para o mundo de hoje mudanças fundamentais. Nossos intelectos se expandiram, mas nossos corações secaram. A vida de Sri Krishna nos oferece um exemplo ideal a ser seguido para escapar de nossa condição atual, acalmar nossas mentes e corações perturbados e reconstruir os laços do amor.

Krishna aborda tanto os aspectos materiais quanto os espirituais da vida. Ele não nos pede para abandonar um lado em prol do outro. Quando é tempo de uma planta dar frutos, as pétalas das flores caem sozinhas. À medida que nossa consciência da meta se fortalece, nosso apego aos prazeres sensoriais desaparece naturalmente. Abandonar os prazeres não é tão importante quanto cultivar a atitude correta sobre esses prazeres. Somente quando os aspectos material e espiritual da vida estão em equilíbrio, como as duas asas de um pássaro, poderá haver harmonia na sociedade.

Sri Krishna deu instruções específicas a diferentes tipos de pessoas de todos os estilos de vida; *sannyasins, brahmacharins,* chefes de família, soldados, reis e pessoas mundanas. Ensinou ao mundo como cada indivíduo pode alcançar a realização a despeito de seu passado ou condição de vida. Por isso, Ele é chamado de *Purnavatar,* uma encarnação completa do Divino. Ele não veio somente para o benefício dos *sannyasins.* Sua vida foi um exemplo perfeito de como manter-se equilibrado em meio às chamas do mundo. É como manter um pedaço de chocolate na língua sem salivar.

Fugir das responsabilidades da vida, retirar-se para a floresta e sentar com os olhos fechados não é difícil. Existem poucos adversários na floresta para criar dificuldades. O Senhor não nos ensina a fugir desse mundo cheio de sofrimento, Ele nos demonstra como ter sucesso na vida mesmo estando rodeado de obstáculos. Krishna não nos aconselha a dar as costas aos nossos relacionamentos para obter a Auto-Realização. Ele nos explica que devemos nos liberar de qualquer apego, mesmo mantendo relacionamentos amorosos e cumprindo nossas responsabilidades familiares.

A ciência espiritual nos ensina como enfrentar todas as situações com um sorriso nos lábios. Um verdadeiro iogue mantém a paz de espírito em meio a qualquer crise. Aqueles que desejam alcançar esse estado só precisam observar a vida de Krishna, o modelo perfeito.

A chama de uma lamparina flameja com constância dentro do vidro, ao abrigo do vento. Não há algo de extraordinário nisso. Uma pessoa realmente espiritualizada deve ser como uma chama ao ar livre, brilhante como o sol, flamejando sempre, mesmo em meio a uma furiosa tempestade. Sri Krishna deve ser nosso exemplo, se quisermos alcançar esse estado. Ele nos mostra caminho para harmonizar os dois aspectos da mente – o espiritual e o material – e para progredir no caminho da perfeição.

A liberação que Krishna promete não é algo para ser alcançado após a morte. É possível conquistá-la aqui neste mundo, ainda encarnados. Durante sua vida, Krishna teve que enfrentar várias crises, que vinham como as ondas do mar, uma após a outra. Mesmo assim, nem uma única vez seu rosto demonstrou estar anuviado pelo sofrimento, e Ele encarou cada situação com um sorriso.

Para o Ser Supremo, Sri Krishna, a vida era uma encantadora canção de alegria, do início ao fim. Mesmo a pessoa mais triste sentia-se em êxtase na sua presença. Assim como a escuridão não encontra lugar sob o sol, não havia espaço para a tristeza na presença de Sri Krishna. Ele era a encarnação da Bem-Aventurança. Em sua companhia todos se alegravam e se esqueciam de todo o resto. Em sua presença todos sentiam o êxtase do Eu Superior. Mesmo agora, depois de tanto tempo, a simples lembrança de Krishna não nos enche de felicidade?

As pessoas encontram falhas nos jogos divinos de Krishna porque a mente delas permanece apegada aos sentidos. Nossas tentativas de medir sua glória infinita com nossas fracas mentes são o mesmo que um sapo tentando medir o oceano dentro de um poço.

Se pudermos abandonar nossas dúvidas e nossa forma crítica de ver as coisas e observarmos a vida de Krishna com amor e mente aberta, descobriremos que nada em sua vida, doce do início ao fim, deve ser descartado, que cada momento deve ser absorvido. Somente quando o olho interno do divino amor se abrir, poderemos usufruir completamente do sucesso e da paz perfeita nesta vida e na próxima.

As mulheres e a sociedade

Pergunta – Qual deve ser o papel e a posição das mulheres na sociedade?

Amma – As mulheres devem ter o mesmo status que os homens e igual parcela na administração da sociedade. Quando a posição das mulheres cai, a sociedade perde a harmonia. Homens e mulheres têm um lugar igual na criação de Deus. Assim como uma metade do corpo é tão indispensável quanto a outra, os homens e as mulheres têm a mesma importância. Uma metade não pode se declarar superior à outra. Quando se diz que a mulher é o lado esquerdo do homem, isso quer dizer que o homem é o lado direito da mulher. A diferença entre homem e mulher é principalmente física.

Como os homens, as mulheres têm seu papel exclusivo na sociedade. Cada pessoa deve entender seu papel e agir de forma conseqüente. Quando as mulheres tentam assumir o papel dos homens, ou quando os homens controlam o papel das mulheres à força, um descontentamento e uma falta de paz são geradas nas pessoas e, por extensão, na sociedade.

Os pneus esquerdo e direito de um carro têm a mesma importância. Somente se as rodas dos dois lados se movem para frente simultaneamente, os viajantes podem chegar ao destino. Na vida em família, só quando o marido e a mulher vivem juntos em harmonia podem alcançar o objetivo real, a união com o Eu Superior.

As mulheres tinham uma posição muito respeitada na antiga cultura indiana. *Matrudevo Bhava* – ser alguém que considera a mãe (as mulheres) como divina- foi o ideal que a Índia ofereceu ao mundo. Nossa cultura ensina o homem a ver a mulher como mãe dele. Todo homem passa nove meses no ventre da mãe antes de nascer. Naturalmente, um homem sensível olhará a mãe com respeito. Todas as mulheres devem ser tratadas com o mesmo respeito.

A mulher compõe a base da família. Ela pode representar um papel ainda mais importante do que o homem na manutenção da paz, da harmonia e da prosperidade da família porque, como mulher, é especialmente dotada de amor, perdão e humildade. Essas qualidades mantêm a família unida. A masculinidade representa a firme força de vontade, mas essa qualidade por si só não é suficiente para manter a harmonia entre os membros de uma família.

Todos devem cultivar o amor, a paciência, a humildade e uma atitude condescendente com relação aos outros membros da família. Os conflitos acontecem quando a mulher tenta adotar uma atitude masculina ou quando o homem tenta forçar o ego sobre a mulher.

A Índia é o país da renúncia e não da indulgência com relação aos objetos dos sentidos. Nossos ancestrais procuraram e encontraram a fonte da bem-aventurança eterna. Eles não se deixaram vitimar pelo erro moderno de desperdiçar a vida e a saúde na busca dos prazeres passageiros. As ações, qualidades e o *dharma* determinavam a posição deles na sociedade. O objetivo mais importante de todos era a realização do Ser Superior. As pessoas estavam plenamente conscientes da meta e do caminho que as conduzia, e isso trazia satisfação. Mas então, aqueles que não estavam satisfeitos começaram a tentar conquistar as posições dos outros. Quando existe insatisfação interior, nasce o conflito. A ordem social na Índia era plenamente capaz de conduzir todos à felicidade perfeita e à Auto-Realização. A igualdade entre homens e mulheres e a posição da mulher na sociedade não eram questões de debate naquela época. O verdadeiro lugar da mulher na sociedade não é, de forma alguma, na última fileira. Seu lugar é igual ao do homem – ela pertence à primeira fila. A questão importante é se lhe é dada ou não essa posição hoje em dia.

Pergunta – *Manu* não diz que o pai de uma mulher deve protegê--la na infância, seu marido na juventude e os filhos na velhice e que a mulher não foi feita para a independência?

Amma – O verdadeiro significado dessa afirmação é que a mulher merece ser protegida, e não que a liberdade lhe deve ser negada. *Manu* indica que é responsabilidade do homem proteger a mulher em todas as circunstâncias. Isso mostra que, naquele tempo, as mulheres tinham uma posição importante na sociedade. A mulher não tem que receber a liberdade de quem quer que seja, pois é um direito que lhe pertence desde o nascimento. Contudo, *Manu* diz que é dever do homem assegurar a proteção da mulher.

Uma sociedade que nega às mulheres a liberdade está cortejando a própria destruição. Quando a Amma escuta as pessoas criticando essas palavras de *Manu*, Ela relembra a proteção policial que é dada aos governantes quando viajam. Só porque estão sendo protegidos, isso significa que não têm liberdade? Eles usufruem de total liberdade e podem viajar para qualquer lugar. O dever dos seguranças em volta deles é apenas assegurar essa liberdade. Da mesma forma, nossa sociedade, que dava total liberdade à mulher, tornou responsabilidade do homem assegurar a proteção e a segurança dela. A sociedade indiana conferiu essa posição honrada à mulher porque ela atua como a luz que guia a família e, conseqüentemente, toda a sociedade.

119

Pergunta – Qual é a opinião da Amma sobre o debate em torno da igualdade entre homens e mulheres?

Amma – Deveríamos falar mais sobre a unidade entre homens e mulheres e não tanto sobre a igualdade. É difícil para homens e mulheres alcançarem a igualdade em termos físicos. Se você observar o plano mental, verá certa masculinidade nas mulheres e um elemento feminino no homem. As mulheres não deveriam imitar os homens cegamente. Se, por exemplo, tentarem fazê-lo entregando-se ao jogo, à bebida e ao fumo, estarão cavando o túmulo da condição feminina.

Ao contrário, as mulheres precisam alimentar o elemento masculino no interior delas, e os homens o aspecto maternal dentro deles. Isso é a perfeição. Através do desenvolvimento interno desses opostos, tanto o homem quanto a mulher caminharão para a completude e a perfeição.

As culturas materialistas consideram o relacionamento entre um homem e uma mulher restrito principalmente ao plano físico, mas a cultura indiana nos ensina a vê-lo como uma ligação no plano espiritual.

Hoje em dia, o que muitas pessoas desejam em nome da liberdade para as mulheres casadas é, na verdade, somente a isenção das responsabilidades da vida familiar. A liberdade ilimitada, sem qualquer responsabilidade, somente estimulará o desejo pelos prazeres materiais. Como a paz e a harmonia poderão ser preservadas em uma família onde há um espírito de competição entre os parceiros? Mas quando um homem e uma mulher caminham juntos com amor, compreensão mútua e uma disposição de ser flexível com as necessidades um do outro, o que se desenvolve não é a igualdade, mas a união, a união de Shiva e Shakti. Esse é o mundo da alegria. Esquecidos de todas as diferenças, homem e mulher tornam-se um só, e cada um supre as deficiências do outro. Através do amor, cada um transcende a raiva do outro e, através da compaixão, cada um aceita as fraquezas do outro. Dessa forma, ambos usufruem da verdadeira liberdade. As pessoas precisam dessa combinação das qualidades femininas e masculinas na vida. O poder feminino complementa o homem e o poder masculino complementa a mulher. Em um relacionamento, cada um necessita do apoio, do encorajamento e da inspiração do outro. Um não é um peso para o outro, mas sim um ponto de apoio e proteção. Para alcançar esse ideal, precisamos entender a espiritualidade, que nos ajuda a esquecer os conflitos externos e a perceber nossa união interna, a essência do Eu Superior.

Pergunta – Diz-se que se negou às mulheres a igualdade social na Índia. As mulheres indianas não foram condenadas ao confinamento nos limites da própria residência?

Amma – A história da Índia é diferente da de outros países de muitas maneiras. A civilização indiana é mais antiga do que qualquer outra. As mulheres já tiveram um lugar de honra em nossa sociedade. Mesmo durante os ofícios védicos sagrados, o homem e a mulher tinham os mesmos direitos na execução desses rituais, e quando o homem executava os sacrifícios védicos, ele e a esposa compartilhavam o mesmo privilégio. As mulheres inclusive contribuíram com vários mantras védicos.

Nos tempos antigos, a mulher tinha o mesmo direito que o homem para escolher uma profissão. Mulheres como Maitreyi e Gargi ostentavam posições veneráveis nas assembléias de eruditos. Naquela época, a Índia também tinha guerreiras. Se estudarmos os conselhos oferecidos por mulheres do Ramayana, como Sumitra, Tara e Mandodari, veremos que, na questão do *dharma*, as mulheres representavam uma força decisiva. Como é possível afirmar que a liberdade era negada às mulheres em uma sociedade como essa?

É verdade que a Índia foi influenciada pelas mudanças culturais de outros países. Podemos perceber isto ao estudar História. Por séculos, o país foi forçado a existir sob domínio estrangeiro. Os governantes dominadores viam as mulheres simplesmente como objetos de prazer. Para escapar dessas pessoas, as mulheres, muitas vezes, tinham que permanecer confinadas em casa. Gradualmente, elementos de decadência também se infiltraram em nossa cultura. Isso causou muita destruição à grande civilização que estava florescendo na Índia.

Tradicionalmente, a Índia nutria a alegria e a imortalidade da renúncia, mas os governantes que ocupavam a terra consideravam como os objetivos de vida os prazeres dos sentidos e a indulgência. Como poderia haver harmonia entre pessoas com mentalidades tão diferentes? O sistema educacional indiano também mudou com a chegada dos ocidentais. A educação nos *gurukulas* desapareceu. O propósito da educação, que era de desenvolver a autoconfiança, transformou-se no desenvolvimento da dependência dos outros. Ensinamentos sobre o *dharma*, como o *"Matrudevo bhava, pitru devo bhava, acharya devo bhava"* (Trate sua mãe como divina, trate seu pai como divino, trate seu professor como divino), não eram mais ensinados nas escolas. O egoísmo e a competição tomaram o lugar da verdade e da renúncia. As mulheres, que inicialmente buscaram refugiar-se dos conquistadores estrangeiros no interior de suas casas, foram forçadas a permanecer ali pelas novas gerações de homens, cuja característica predominante era o egoísmo. Essas novas gerações distorceram os códigos éticos e as regras das escrituras para adequá-las aos próprios interesses egoístas. A sociedade sofre as conseqüências disso até hoje. A causa básica do sufocamento que as mulheres sofreram na Índia vem de outras culturas. Forçar uma mulher a sofrer não é da cultura indiana e sim de uma cultura demoníaca (*rakshasic*). Devemos lembrar que as lágrimas de Sita reduziram Lanka a cinzas[1].

Pergunta – Quando a Amma diz que a completude é obtida através da unificação do masculino e do feminino, isso significa que não podemos consegui-la através do *brahmacharya* (celibato)?

Amma – A Amma não fala do nível físico quando fala da união de homem e mulher. O que faz uma pessoa ser homem ou mulher é a predominância de elementos femininos ou masculinos. Tantos os homens quanto as mulheres têm ambos os elementos. Quando olhamos uma mulher em que predomina a natureza masculina, dizemos que ela é como um homem. Quando vemos um homem com predominância de aspectos femininos, dizemos que é como uma mulher. Não falamos isso com base em seu corpo, é claro. A mulher não tem consciência do masculino dentro de si e busca-o fora de si, no homem. Da mesma forma, o homem não busca alimentar as qualidades do perdão, da compaixão e da afeição que jazem escondidas dentro dele, pois imagina que serão encontradas apenas em uma mulher. Tanto os homens quanto as mulheres deveriam despertar para os poderes e capacidades complementares dentro de si mesmos. É isso que a imagem de *ardhanarisvara* simboliza. Somente através da união interna poderemos experimentar a bem-aventurança ilimitada.

O objetivo do *brahmacharya* é perceber que tanto os aspectos femininos quanto os masculinos estão contidos em nós, e que a natureza de nosso verdadeiro Eu Superior transcende tal

---

[1] Referência ao antigo épico *Ramayana*, escrito pelo sábio Valmiki. Sita era a esposa da divina encarnação, Sri Rama. Após serem exilados na floresta, Sita foi seqüestrada pelo demônio Ravana e levada para Lanka. Rama mandou seus homens buscarem-na. O grande devoto de Rama, o deus macaco Hanuman, encontrou-a em Lanka. Depois de vê-la, Hanuman queimou parte da cidade até às cinzas. Ao final do épico, Ravana é morto por Rama, e Sita é resgatada.

dualidade. Não podemos experimentar isso sem a prática espiritual constante. Contudo, hoje, as pessoas não têm paciência para tanto; consideram tudo o que vêem no mundo externo como real e correm atrás da miragem dos prazeres sensuais, perecendo nessa busca.

Pergunta – Qual é a visão da Amma sobre as mulheres que buscam qualificações educacionais mais avançadas?

Amma – As mulheres devem alcançar o mesmo alto nível educacional que os homens e devem encontrar trabalho, se necessário. Uma educação apropriada é a fonte da justiça social e de uma cultura honrada.

Somente se a mulher conseguir a auto-suficiência através da educação poderá inspirar, encorajar e aconselhar seu parceiro na vida como uma verdadeira *sahadharmini*, a esposa que dá cada passo na vida ao lado do marido no caminho do *dharma*.

Além disso, a principal razão das mulheres serem forçadas ao sofrimento na família e na sociedade, hoje em dia, é a dependência financeira. Se puderem ter um trabalho que lhes dê um bom salário, sua dependência financeira será eliminada. A influência da cultura atual e a ignorância generalizada sobre as questões espirituais dão às pessoas uma visão da vida completamente materialista. As pessoas dão muito mais importância a assuntos terrenos, como a riqueza financeira, do que à união do masculino e o feminino. Essa mudança de atitude é uma das razões para o crescente número de divórcios. As mulheres devem construir as bases para a independência financeira hoje; senão, sob as circunstâncias atuais, enquanto uma mulher tiver pouca educação formal e não for auto-suficiente financeiramente, não terá condições de se sustentar amanhã, quando a necessidade sobrevier.

Os laços familiares não são muito fortes no Ocidente. Em breve, o hábito ocidental dos homens abandonarem as esposas por outras mulheres deixará de ser considerado errado também na Índia. Além de cuidar das próprias necessidades, as mulheres também terão que assumir a responsabilidade de criar os filhos. Elas enfrentarão muitas dificuldades se não encontrarem uma fonte estável de recursos financeiros de antemão. Entretanto, não conseguirão fazer isso sem uma educação formal de nível mais elevado.

Pergunta – Mas nós não víamos as mulheres tentando conseguir uma educação melhor antigamente.

Amma – As circunstâncias de hoje são totalmente diferentes do que naquele tempo. As necessidades da vida eram mais simples. Não era preciso que tanto o marido quanto a mulher ganhassem dinheiro. Além disso, o propósito da educação não era simplesmente financeiro, era preparar o indivíduo para alcançar o estado supremo através do despertar de seu verdadeiro Eu Superior. As mulheres recebiam esse conhecimento durante a infância. A noiva se tornava a chefe da casa e era considerada a fonte de toda prosperidade e bem-estar de seu marido e de sua família. Apenas o marido trabalhava para conseguir o necessário para o sustento da família. Nesse contexto, a mulher não achava que o marido tolhia a liberdade dela e que a tornava sua escrava, e o marido não achava que a mulher governava a família. O amor, e não o egoísmo, os mantinha unidos. A mulher considerava que era dever dela, seu *dharma*, administrar a família, servir o marido e os parentes dele e cuidar dos filhos. Por sua vez, o marido achava que a própria felicidade dependia da segurança e do bem-estar da esposa. Não existia espaço para conflito nessa família, ela estava cheia de paz. Nossa paz vem das nobres qualidades que pautam nossa vida. Riqueza, posição profissional e social não podem nos trazer a paz. As mulheres não sentiam necessidade de buscar uma

125

educação formal mais elevada ou de conquistar um emprego para aumentar o orçamento.

Pergunta – Hoje em dia, com os pais trabalhando, como podem dar às crianças a atenção de que precisam?

Amma – Se os pais entenderem a importância disso, com certeza encontrarão tempo para os filhos. Não importa o quanto as pessoas estejam ocupadas no trabalho, ainda assim encontram tempo para descansar quando ficam doentes, não é mesmo? As mulheres têm que ser cuidadosas desde o princípio da gravidez. A mulher grávida deve evitar qualquer situação que possa trazer tensão, porque o estresse vivido durante a gravidez poderá causar problemas à criança que ela carrega. Por isso, a mulher grávida deve se esforçar para estar feliz, fazer práticas espirituais, visitar *ashrams* e buscar o conselho dos mestres espirituais.

As mães devem entender a importância da amamentação. O leite materno é o leite do amor, formado pelo amor da mãe por seu bebê. Ele também é composto por muitos nutrientes de fácil digestão. É ideal para a saúde do bebê e para o fortalecimento da memória. Nada se iguala ao leite materno.

Quando a criança tiver idade suficiente para a memorização, os pais devem começar a ensinar as lições morais através de histórias e canções de ninar. No passado, em uma residência também moravam os avós e outros parentes. Hoje, as pessoas consideram seus parentes idosos como um incômodo. Saem de casa e montam o próprio lar o mais cedo possível. Nesse processo, as crianças não têm a oportunidade de compartilhar o solo fértil e rico que são as relações familiares. Elas também perdem a oportunidade de ouvir as dezenas de pequenas histórias que vovô e vovó poderiam contar. O desenvolvimento das crianças fica embotado como uma plantinha em um vaso, incapaz de criar raízes mais profundas ou de desenvolver plenamente seu potencial. No mundo de hoje, seria melhor deixar as crianças sob a responsabilidade dos idosos da família. Eles cuidarão dos netos com mais amor do que qualquer babá ou funcionário de creche. A presença das crianças também trará alegria para a vida dos avós na idade avançada deles. É no colo da mãe que a criança aprende as primeiras lições entre certo e errado. A personalidade delas é moldada pela influência que recebem até os cinco anos de idade. Durante esse período, as crianças passam a maior parte do tempo com os pais. Hoje, elas recebem menos do amor abnegado e da afeição das mães em razão da crescente popularidade das creches. Os funcionários da creche são pagos, e muitos deles têm os próprios filhos em casa para amar e cuidar. Uma mãe não terá com outras crianças a mesma ligação emocional que tem com os próprios filhos. Com isso, justo no momento em que a personalidade da criança precisa ser moldada, a mente se fecha.

Como esperar que essas crianças mais tarde venham a ter um senso de responsabilidade para cuidar dos pais idosos, quando esses mesmos pais as deixam ainda pequenas sob a guarda de babás e creches quando precisavam se desenvolver no calor do amor materno? Seria surpreendente se essas crianças não colocassem os pais em casas de repouso para idosos.

A mãe é quem orienta o filho. Além de dar amor e afeição à criança que carrega e alimenta, também tem a responsabilidade de ajudá-la a desenvolver qualidades nobres. Ela pode fazer isso de forma dez vezes mais eficiente do que o pai. Daí o ditado: quando um homem é bom, beneficia um indivíduo, mas quando uma mulher é boa, beneficia toda a família.

Quando as crianças crescem sem receber amor suficiente, freqüentemente uma natureza animal prevalece mais do que um coração gentil. Isso será inevitável se os pais não tiverem valores espirituais. Os pais devem distinguir as necessidades triviais das necessidades absolutas da vida. Devem encontrar satisfação em um estilo de vida simples.

Os pais devem passar muito tempo com os filhos, mesmo que isso signifique passar menos tempo no trabalho. Amar uma criança de verdade não significa levá-la a um parque de diversões. Significa investir tempo em ensiná-la valores nobres e verdadeiros. Somente se esses valores estiverem bem sedimentados em nossas crianças, elas poderão permanecer firmes, nunca fraquejando diante das circunstâncias adversas.

As crianças precisam usufruir do amor e afeição das mães pelo menos até os cinco anos de idade. A partir daí até os quinze anos, necessitam de amor e disciplina. A paz e a harmonia só podem ser mantidas na sociedade através dos esforços de todos os pais para nutrir valores verdadeiramente bons nos filhos.

A integridade de cada indivíduo forma a base de uma cultura nobre para toda a nação. A criança de hoje deve se tornar a personalidade madura de amanhã. Colhemos amanhã o que plantamos hoje.

Pergunta – Hoje em dia, os pais podem enviar seus filhos aos *gurukulas* para serem educados como antigamente?

Amma – O materialismo tomou o lugar da cultura espiritual do passado. A cultura consumista atual baseada na busca de prazeres tornou-se tão firmemente enraizada que não é mais possível voltar atrás. É duas vezes mais forte que nossa cultura tradicional. Isso foi tão longe que seria inútil pensar em arrancar o materialismo e trazer de volta a antiga forma de viver. Essas tentativas só levariam ao desapontamento. No mundo de hoje, precisamos nos concentrar em como seguir adiante e, ao mesmo tempo, evitar a total decadência de nossos valores tradicionais.

O custo de vida aumentou tremendamente, e é difícil manter uma família sem que o marido e a mulher trabalhem. O que mais preocupa os pais é a educação dos filhos. Ter uma educação formal de qualidade pode ser impossível sem recorrer às escolas particulares. Contudo, a taxa de admissão e as outras despesas custam muito caro. Para manter a reputação, as escolas privadas ensinam as crianças de forma sistemática. O único critério para o sucesso dos alunos são as notas obtidas nas provas, e isso tem pouco a ver com o conhecimento verdadeiro, a sabedoria ou a pureza de conduta.

O sistema educacional atual coloca as crianças sob uma grande pressão. Não se deve correr muito com um carro novo. O motor deve ser amaciado gradualmente, até que sua capacidade plena se desenvolva. Caso contrário, ele poderá ser danificado. Subordinar mentes jovens a muita tensão prejudicará a saúde e retardará o desenvolvimento delas.

Hoje em dia, em nome da educação, colocamos sobre os ombros de nossos filhos uma carga mais pesada do que podem carregar nessa fase de desenvolvimento. Em uma época em que as crianças devem sorrir e brincar com os amigos, nós as forçamos ao confinamento de uma sala de aula, como pássaros presos em uma gaiola.

Se a criança não consegue notas altas do primário em diante, seus pais ficam nervosos e reclamam, mas é o pequenino quem tem que suportar todo esse sofrimento e não os pais. Se você perguntar às crianças por que estão estudando, a maioria responderá: "Para me tornar médico ou engenheiro". Os pais os incentivam a alcançar esse objetivo desde a primeira série. Poucas vezes eles incentivam as crianças a aprender o verdadeiro objetivo da vida e a viver de acordo com ele.

Pense sobre o objetivo da educação. É verdade que, com a educação moderna, você consegue um diploma, garante um emprego e ganha dinheiro. Mas será que poderá alcançar a paz de espírito por meio dessas conquistas apenas? Atualmente, o único propósito em ter uma educação formal é conquistar dinheiro e poder. Mas, meus filhos, não esqueçam que a purificação da mente é a base principal para a paz e a felicidade na vida. Somente com o entendimento da espiritualidade poderemos alcançar esse refinamento em seu mais alto grau. Se não ajudarmos nossas crianças a cultivar o refinamento mental e os valores nobres, juntamente com uma educação moderna, estaremos criando *Ravanas* (demônios) em vez de *Ramas* (deuses).

Se você caminhar dez vezes em uma área coberta de grama, formará uma trilha, mas não importa quantas vezes andar sobre uma rocha, nenhuma trilha se formará. Quando você transmite valores nobres a uma mente jovem, esses valores logo deixarão uma impressão. Quando essa criança crescer, esses valores a guiarão. A argila pode ser moldada no formato desejado antes de ser colocada no forno. Contudo, depois de queimada, a forma não pode ser alterada. Por isso, devemos ensinar aos nossos filhos os valores nobres antes que suas mentes sejam delimitadas duramente pela exposição à fogueira do materialismo. Infelizmente, as circunstâncias que nos permitem formar o caráter de nossos filhos têm se tornado cada vez mais restritas. É por isso que a Amma está enfatizando esse ponto.

Pergunta – Por que as relações familiares estão se enfraquecendo atualmente?

Amma – A avareza e os desejos pelos prazeres dos sentidos estão ficando cada vez mais fortes pela influência da cultura materialista. A influência moral que as mulheres tinham sobre os homens foi perdida. Ao longo do tempo, as pessoas se tornaram egoístas na busca de ganhos materiais. As esposas começaram a se sentir forçadas a se submeter aos maridos e com isso, o conflito e a raiva mútua surgiram. Os pais que deveriam ter ajudado os filhos a desenvolver um bom caráter plantaram em vez disso as sementes venenosas do egoísmo e da competição. Hoje, vemos essas qualidades negativas em suas formas mais tenebrosas. Elas nasceram, cresceram e espalharam seus ramos de forma ampla. Para que possamos nos libertar dessas qualidades negativas, necessitamos mais da compreensão dos papéis masculino e feminino dentro da família do que da chamada igualdade entre homem e mulher. O dinheiro sozinho não pode nos trazer paz. Ninguém nunca conseguiu desenvolver um caráter puro ou força interior a partir do dinheiro. Como os pais poderão inculcar e nutrir em seus filhos valores como o entendimento mútuo e o perdão, se eles mesmos não conhecem isso? Como conseqüência da inabilidade dos pais em moldar corretamente os filhos, o poder das forças destrutivas na sociedade se fortifica a cada geração. Se quisemos mudar isso, os pais têm que adotar princípios espirituais nas próprias vidas.

Uma criança pode receber amor da sociedade de várias formas. Diversas pessoas podem ser afetuosas com elas. Mas, nada disso se equipara ao amor de uma mãe. Um carro anda com gasolina, mas precisa da bateria para ligar. Para a criança, o amor de seus pais funciona como essa bateria. O amor dos pais nos dá forças para encarar todas as circunstâncias na vida com controle mental.

Existe egoísmo por trás do amor que recebemos no mundo. A vaca é amada pelo leite que dá e não em razão de um amor verdadeiro. Não importa quanto leite tenha fornecido, quando secar, o destino da vaca será o matadouro. Se o marido ou a esposa não atende os desejos do cônjuge, o divórcio acontece rapidamente. Contudo, o amor de uma mãe pelo filho não tem raízes no egoísmo.

Além de estudar e trabalhar, também devemos adquirir um entendimento dos princípios espirituais. Quando iniciarmos uma família, nosso conhecimento desses princípios nos ajudará a dar cada passo no caminho certo. Meus filhos, essa é a única maneira de encontrar a paz. Mesmo depois de uma refeição completa, ainda precisamos de paz de espírito para poder dormir bem.

Se construirmos uma casa numa área lamacenta sem primeiro colocar fundações bem firmes, até mesmo um ventinho poderá colocar a casa abaixo. Da mesma forma, se embasarmos nossa vida familiar no materialismo, os relacionamentos dentro da família poderão se esfacelar mesmo diante de pequenos problemas. Mas se construirmos nossa família sobre a base sólida da espiritualidade, poderemos enfrentar qualquer tempestade. Essa é a vantagem de se levar uma vida familiar baseada no entendimento dos verdadeiros princípios. Os pais não devem deixar de explicar os princípios espirituais aos filhos e de agir como exemplos vivos desses princípios.

Apesar do bem-estar financeiro que existe nos países desenvolvidos, as doenças mentais estão aumentando. Somente quando entendermos a diferença entre o que é eterno e o que é transitório poderemos progredir na vida sem nunca perder nosso equilíbrio mental ou a paz de espírito. De outra forma, a invasão do materialismo que vivemos hoje causará um aumento das doenças mentais, inclusive na Índia.

Um exemplo que a Amma pode dar é o de uma família de três pessoas: pai, mãe e filho. O pai era um alto oficial, a mãe, assistente social e o filho, universitário, era louco por críquete. A família possuía apenas um carro. Uma noite, o pai tinha que ir a uma reunião. Quando ligou o carro, sua esposa apareceu. Tinha sido convidada a um casamento e queria usar o carro. Houve uma discussão entre eles. Naquele instante, o filho chegou e argumentou que precisava do carro para ir a um importante jogo de críquete. A discussão se intensificou, e logo todos gritavam. Após algum tempo, já era tarde demais para ir a qualquer lugar. Só o que fizeram foi brigar. Se, em vez disso, tivessem tentado se ajustar, não haveria necessidade de discussão. Poderiam ter compartilhado o carro. O marido deixaria a esposa no casamento e o filho no jogo, indo, em seguida, para sua reunião. Mas por causa de seus egos, todos os três perderam seus compromissos. Em lugar da harmonia, restou apenas raiva e ressentimento. Agora, olhemos para nossas próprias vidas, meus filhos. Não estaremos desperdiçando muito do nosso tempo assim, discutindo por questões banais?

Precisamos entender bem essa questão. Nossas relações familiares diárias serão fortalecidas se cultivarmos o espírito de humildade e perdão e nos ajustarmos às necessidades do outro. Em uma família verdadeira, existe um sentido de aceitação mútua entre marido e mulher. Isso expande o mundo que compartilham e esse universo cresce ainda mais quando eles têm filhos. Mas essa fronteira não deveria parar por aí. Ela deveria se expandir ainda mais, até que englobasse todos os seres vivos. Esse é o objetivo final da vida em família. É assim que o homem e a mulher podem descobrir a própria perfeição. Um mundo com um amor tão abrangente é um mundo de felicidade permanente. É uma vida sem discussões ou batalhas a respeito do ontem, uma vida sem preocupações fúteis sobre o amanhã. Assim, cada pessoa vive com a atitude de "para você", no lugar do pensamento "para mim"! Deus aparece por conta própria para abençoar o templo da família em que a luz do amor brilha intensamente.

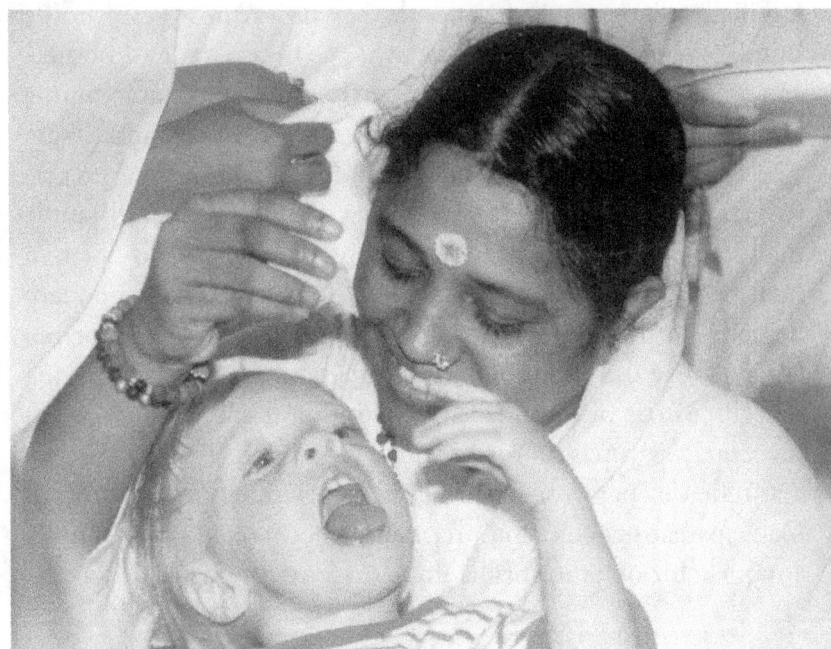

Conversa com um grupo de ocidentais

Um grupo de devotos alemães, cuja maioria já vinha fazendo práticas espirituais há muitos anos, foi ao ashram receber o darshan da Amma. A seguir, a conversa que tiveram com ela.

Pergunta – Qual deve ser o intervalo entre a refeição e a meditação?

Amma – Meus filhos, não meditem imediatamente após uma refeição. Esperem pelo menos duas horas depois da refeição. Se for apenas um lanche leve, aguardem meia hora antes de começarem a meditar. Ao sentar para meditar, a mente dirige-se à parte do corpo na qual está tentando se concentrar. Se aquele que medita concentrar-se em seu coração ou no ponto entre as sobrancelhas, muito de sua energia flui na direção do ponto de concentração, deixando força insuficiente para a digestão. Com isso, a pessoa pode ter indigestão e outros incômodos, como vômitos e dores de cabeça. Portanto, comecem a meditação somente depois do tempo necessário para uma digestão adequada.

Pergunta – Como devemos repetir nosso mantra?

Amma – Quando repetirem o mantra, concentrem-se na forma de sua Deidade Amada[1] ou no som do mantra. É bom visualizar cada letra (sílaba) do mantra em sua cabeça enquanto canta. Você pode concentrar a mente no som produzido enquanto canta. A maior utilidade da repetição de mantras é estimular o controle dos pensamentos. O mantra é o remo que usamos em nosso caminho para o Ser Supremo. Hoje, sua mente está ligada à diversidade. Repetir o mantra o ajudará a libertar a mente de toda a diversidade e concentrá-la em Deus. A Amma já viu muitas pessoas se preocuparem porque não podem visualizar sua Deidade Amada enquanto cantam. Se você não consegue ver a Deidade, é suficiente lembrar o nome dela e continuar a cantar o mantra. Concentre-se nas palavras ou no som. Durante a meditação, se você puder focalizar sua mente na forma do mantra, isto será suficiente. Não será necessário cantar o mantra nessa hora, mas ele deverá persistir continuamente dentro de sua mente enquanto você trabalha, anda, senta, viaja ou faz qualquer coisa. Desta forma, a mente descansará sempre em Deus, de forma sutil. Não se preocupe se você não conseguir concentração total. Pelo menos, poderá prestar atenção ao som do mantra.

A cada repetição, pode imaginar que está oferecendo uma flor aos pés de sua Deidade Amada. Com os olhos fechados, pegue uma flor de seu coração e leve-a na direção dos pés da Deidade. Se isto não for possível, concentre-se no som do mantra ou na visualização das formas das letras do mantra. Seja qual for o método que utilizar, não deixe a mente devanear. Mantenha-a atrelada à sua Deidade Amada.

Pergunta – É preciso repetir o mantra durante a meditação?

---

[1] Quando a Mãe se refere à Deidade Amada, quer dizer o aspecto do Divino que é Deus para nós; por exemplo a Divina Mãe, Krishna ou Cristo.

Amma – Não, isso não é necessário, se você for capaz de manter sua mente na forma divina.

Pergunta – Como focalizamos a mente na forma de nossa Deidade Amada enquanto meditamos?

Amma – Visualize a forma de sua Deidade Amada repetidamente, da cabeça aos pés e dos pés à cabeça. Você pode se imaginar andando ou correndo em torno dela, brincando com Ela, ou ainda imaginar que a Divindade foge e você tenta alcançá-La. Pode se imaginar sentado em seu colo, beijando seu rosto ou penteando seu cabelo ou que a Divindade beija e acaricia seus cabelos. Todas essas visualizações servem para manter a mente ligada na Deidade Amada.

Ao visualizar a Divina Forma, ore. Por exemplo: "Ó Mãe, guia-me!", "Ó Pai, guia-me!", "Eterna Luz, guia-me!" ou "Oceano de compaixão, guia-me!"

Pense na velocidade em que a mente viaja em um segundo! Essas visualizações têm como objetivo impedir a mente de divagar. Talvez você não encontre nada disso no vedanta, mas só através desses passos poderá trazer o que o vedanta fala para o nível da sua própria experiência.

Pergunta – Como cantar o mantra ou lembrar a forma de nossa Deidade Amada enquanto trabalhamos? Não acabaremos esquecendo de cantar?

Amma – Imagine que seu irmão está no hospital em uma situação crítica. Irá parar de pensar nele mesmo estando no trabalho? Pensará nele constantemente, esteja ocupado com o que for. "Terá recobrado a consciência? Estará falando? Estará se sentindo melhor? Quando poderá voltar para casa?" Nada além do seu irmão ocupará sua mente. Contudo, ainda será capaz de fazer o seu trabalho. Da mesma forma, se pensarmos em Deus como

137

nosso parente mais próximo, como nossa família, não será difícil lembrar dele e cantar o mantra.

Pergunta – Todos os *brahmacharins* e *brahmacharinis* que moram aqui alcançarão a realização?

Amma – Os filhos que para cá vieram, o fizeram por duas razões: há os que tomaram essa decisão porque desenvolveram um total desapego das coisas do mundo e aqueles que estão imitando o primeiro grupo e vieram por um impulso inicial. Contudo, se eles se esforçarem, também poderão absorver esse *samskara* espiritual e progredir. Mesmo alguns que levavam vidas maldosas não encontraram o caminho correto através do *satsang* (associação com grandes almas)? Valmiki era um morador da floresta que roubava e matava. Por meio do *satsang* e de seu esforço, tornou-se um grande sábio e nosso primeiro poeta.

O *satsang* também teve um grande efeito sobre Prahlada[2], que se tornou um expoente entre os devotos, apesar de ter nascido de uma linhagem de *asuras* (demônios). Mesmo que as pessoas venham aqui somente por um entusiasmo inicial, elas podem

---

[2] Quando a esposa do rei-demônio Hiranyakashipu ficou grávida, os *devas* (seres celestiais) atacaram os *asuras* (demônios). Hiranyakashipu estava praticando severas austeridades nessa época.Os *devas* queriam destruir a criança que Kayadhu carregava em seu ventre. Temiam que essa criança se tornasse uma ameaça no futuro. Contudo, quando Devendra estava raptando Kayandhu, o sábio Narada interveio e o impediu. Narada sabia que a criança por nascer estava destinada a ser seu discípulo e que ela seria famosa como um grande devoto de Vishnu. Por isso, Narada levou Kayandhu ao seu retiro e, ali, todos os dias, ministrava palestras sobre Vishnu e sobre Suas maravilhosas histórias. A criança no ventre materno embebia-se de tudo avidamente. Mesmo quando sua mãe caia no sono, exausta, o bebê reagia às estórias contadas pelo santo! Por isso, ainda no útero, Prahlada fora exposto às histórias da encarnação Divina do Senhor, e também passou a maior parte de sua infância no *ashram* de Narada.

realmente mudar, se tentarem compreender os ensinamentos, assimilá-los e aplicá-los em suas vidas. Não é possível aprender tudo sobre determinada atividade com uma associação constante com um mestre na área? Contudo, se não ficarmos perto desse mestre observando-o, não aprendemos coisa alguma. Da mesma maneira, morando aqui no *ashram* e participando do dia-a-dia do lugar, a pessoa, com o decorrer do tempo, pode progredir, e uma disposição espiritual será criada dentro dela. Se não houver mudança, mesmo depois de um longo período de associação, então, só poderemos aceitar como um resultado do carma de vidas anteriores. Não faz sentido culpar ninguém.

Em uma vila, um *sannyasin* sentava-se debaixo de uma figueira sagrada (*Ficus religiosa*) todos os dias, meditando e repetindo um mantra. Os habitantes do vilarejo traziam-lhe frutas e bolos e ofereciam seus serviços. Um jovem que observava isso diariamente começou a pensar que sua vida ficaria certamente livre de problemas se também se tornasse um monge. Por isso, dirigiu-se a um vilarejo próximo, vestiu a túnica ocre dos *sannyasins*, sentou-se debaixo de uma árvore e começou a meditar e a repetir um mantra. Logo, as pessoas começaram a chegar e a oferecer seus préstimos ao *sannyasin*. Frutas e doces chegavam em abundância. Havia muitas mulheres bonitas entre as pessoas que iam vê-lo. Após alguns dias, ele desapareceu; havia fugido com uma das mulheres.

Aqueles que vêm ao *ashram* fazendo um jogo de fingimento não conseguem sustentar a farsa por muito tempo. Somente aqueles que têm fé e entrega total conquistarão o estado mais elevado. Os outros seguirão os seus caminhos. Por que preocupar-se com eles? Isso é um campo de batalha. Se puder ser bem-sucedido aqui, conquistará o mundo, todo o universo estará sob o seu controle.

Pergunta – Se Deus é a causa de tudo, não seria Ele também a causa das numerosas doenças que vemos hoje em dia?

139

Amma – Deus é a causa de tudo. Ele também nos disse como levar nossas vidas. Ele fala conosco por meio dos *mahatmas*. Para que serve culpar Deus pelas dificuldades que experimentamos se não obedecemos a Seus ensinamentos? Um tônico nos ajuda a melhorar, mas se você toma o vidro todo de uma só vez, sem ouvir as recomendações do médico, qualquer saúde que ainda lhe reste será prejudicada. Se você não sintonizar o rádio direito, ele só causará perturbação. Quando é sintonizado corretamente, a música dá a você uma sensação de prazer e satisfação.

As pessoas sofrem porque não conseguem alcançar os pontos mais importantes da vida. Encontraremos a felicidade conquistando os pontos-chave da vida, e esses princípios podem ser aprendidos através dos *satsangs*. Escutar palestras espirituais pode nos ajudar a remover muitos problemas. Mas se você vive perto de um mestre espiritual que habita a Verdade Primordial e segue as suas instruções, sua vida será sempre feliz e nunca cairá em perigo. A vida daquele que não aprende sobre os verdadeiros princípios da existência por meio de palestras ou livros espirituais e tampouco experiencia a presença de um mestre espiritual, com certeza, tomará um rumo decadente.

Muitas das doenças que vemos hoje em dia são o resultado das ações egoístas da humanidade. Consumimos comida tóxica e adulterada, e as colheitas produzidas dessa maneira dão lucros excessivos. Os pesticidas e fertilizantes usados para cultivar grãos e vegetais são tão tóxicos que matam as pessoas que venham a inalá-los. Como isso não afetará nossa saúde? O uso de álcool e de drogas também causa muitas doenças. Contudo, nem os medicamentos com que as pessoas são tratadas são puros, pois também são adulterados. Portanto, o comportamento desumano por parte dos seres humanos é a razão para que as doenças se multipliquem tanto atualmente. Não podemos culpar Deus por isso. Ele não faz a pessoa ficar doente nem faz ninguém sofrer. Não existem imperfeições na criação de Deus. São os humanos que distorcem tudo. Deveríamos viver de acordo com a vontade de Deus, em harmonia com a natureza. Dessa forma, a maioria das doenças conhecidas seria eliminada.

Pergunta – Hoje, nem as crianças estão livres das doenças. Quais os erros que cometeram?

Amma – Seus pais são muitas vezes, inadvertidamente, a causa de suas doenças. Afinal de contas, as crianças nascem das sementes dos pais que se alimentam de comida venenosa. Como podem, então, ser saudáveis? Até mesmo o leite de vaca contém substâncias tóxicas atualmente. As vacas comem capim e outros tipos de ração que foram regadas com pesticidas.

Os filhos de alcoólatras e viciados em drogas não serão saudáveis. Poderão também ter deformidades porque o sêmen de seus pais poderá não ter tido os fatores necessários para gerar um corpo saudável. Os filhos daqueles que ingeriram uma grande quantidade de remédios alopáticos são também propensos a doenças. É por causa das ações negativas que cometeram em vidas passadas que essas almas tiveram que renascer como filhos desses pais. Portanto, têm que sofrer as conseqüências das ações negativas de seus pais. Nossa felicidade e tristeza dependem de nossas ações. A causa de tudo reside no carma. Se executarmos nossas ações com grande cuidado e atenção, não teremos que experimentar o sofrimento. Seremos capazes de usufruir a felicidade sempre.

As pessoas criam suas próprias dificuldades. Elas não vivenciam os frutos de erros que não tenham cometido, mas daqueles que cometeram. Hoje, as pessoas não vivem como parte da criação divina. Vivem em sua própria criação e experimentam os resultados disso. Portanto, não podemos culpar Deus e dizer que é seu erro. Contanto que sigamos o caminho de Deus, não precisaremos nos arrepender nem saberemos o que é sofrer.

Pergunta – As escrituras falam de reencarnação. Como uma alma recebe um novo corpo físico?

Amma – Cada alma individual recebe um novo nascimento, de acordo com seu *samskara* anterior (nível de refinamento interno). É por causa do *samskara* criado em sua vida anterior que a alma consegue um nascimento humano. Se a pessoa executa boas ações e leva uma vida pura, pode verdadeiramente se tornar Deus. Mas se a pessoa insiste em viver uma vida como um animal, apesar de ter nascido um ser humano, terá que renascer em uma forma de vida inferior.

Existe uma aura ao redor de nossos corpos. Da mesma forma que gravamos músicas ou conversas em uma fita cassete, a aura grava cada um de nossos pensamentos e ações. Cada ação é gravada em uma determinada parte da aura: as boas ações são gravadas na aura acima da cintura e as más ações ficam registradas na parte inferior. Se a pessoa executou principalmente boas ações, ascende para níveis mais altos após desencarnar. A alma alcança o universo de seus ancestrais ou renasce, de acordo com os limites determinados por suas ações. Contudo, se a pessoa executou predominantemente más ações, a aura desse ser cai no chão e vira comida para insetos e vermes, e essa alma nascerá novamente como um pássaro ou um animal.

Quando um bom ovo é chocado, um pássaro sairá dali, mas se o ovo é ruim, não haverá nenhum pássaro. O ovo aberto apodrece no chão e é comido pelos vermes e insetos.

Viver somente pela felicidade do momento levará apenas ao sofrimento de amanhã.

Se você estiver deitado e cuspir para cima porque é preguiçoso demais para se levantar, o cuspe irá cair sobre seu próprio corpo.

Da mesma forma, para cada ação, haverá uma reação correspondente da natureza. Isso é certo.

Pergunta – Se executamos tantas ações no passado, por que não nos lembramos delas?

Amma – Você se lembra de tudo o que fez quando era criança? Não conseguimos nos lembrar nem das coisas que fizemos nesta vida. Uma canção memorizada ontem poderá estar esquecida hoje. Como pode, então, querer lembrar o que fez em uma vida anterior? Contudo, quando sua mente se tornar sutil com as práticas espirituais, você saberá de tudo. Quando falamos dos frutos das ações executadas em vidas anteriores, os frutos de nossas ações feitas inconscientemente nesta vida também contam. A felicidade e tristeza que experimentamos agora são o fruto das ações passadas, seja em uma vida anterior ou nesta vida mesma. Se usarmos nossa inteligência e agirmos de forma adequada poderemos viver satisfatoriamente e poderemos nos tornar os filhos da bem-aventurança.

Pergunta – Quando nosso pé toca alguém inadvertidamente, devemos tocar aquela pessoa com a mão e depois levá-la até a testa. Isso tudo não é superstição?

Amma – Essas práticas foram instituídas por nossos ancestrais para cultivar bons costumes nas pessoas. Dizemos a uma criança: "Se você contar uma mentira, ficará cega." Se isso fosse verdade, quantas pessoas seriam capazes de enxergar hoje em dia? Mas ao dizermos isto, podemos corrigir o hábito de contar mentiras da criança. Quando tocamos alguém com o pé, devemos tocar aquela pessoa e mostrar reverência. Isso é para cultivar a humildade em nós. Uma pessoa que pratica isso, não pensará em chutar o outro nem mesmo por raiva.

Há uma outra razão para essa prática. Existe uma conexão entre nossos pés e nossa cabeça. Quando o pé bate em algo, certos nervos na cabeça são afetados. Quando fazemos uma reverência, a tensão desses nervos diminui. Contudo, essas práticas nos ajudam principalmente a desenvolver uma boa conduta.

Pergunta – Amma, a vida pode ser dividida em dois aspectos, o material e o espiritual? Qual deles nos dá felicidade?

Amma – Meus filhos, não há necessidade de ver os lados material e espiritual da vida como separados. Essa diferença só existe na atitude da mente. Precisamos entender a espiritualidade e viver de forma correspondente. Somente assim a vida será abençoada. A espiritualidade nos ensina como viver uma vida de verdadeira felicidade. Digamos que o lado material da vida seja o arroz e que o lado espiritual o açúcar. A espiritualidade é o açúcar que adoça o pudim de arroz. A compreensão da espiritualidade é o que torna a vida doce.

Se você se basear somente no lado material da vida, haverá sofrimento. Aqueles que desejam somente os prazeres materiais devem estar preparados para experimentar também o sofrimento. Apenas os que estão preparados a sofrer por isso devem orar pedindo coisas materiais. O lado da matéria irá sempre nos atormentar e incomodar. Isso não significa que devemos renunciar à vida terrena completamente. A Amma está dizendo apenas que vocês têm que ter uma compreensão da espiritualidade enquanto estão vivendo no mundo. Dessa forma, não serão enfraquecidos pelo sofrimento.

Nesse mundo, ninguém que se proclame nosso parente ou amigo realmente nos pertence. Ninguém que alegue ser de nossa família é nossa família real. Somente Deus é nossa verdadeira família. Qualquer outra pessoa poderá se virar contra nós a qualquer momento. As pessoas nos amam somente porque desejam a própria felicidade. Quando a doença, a tristeza ou as dificuldades chegam, temos que suportá-las sozinhos. Portanto, estejamos somente ligados a Deus. Se estivermos apegados ao mundo, será difícil para nós reconquistarmos nossa liberdade. Quantas vidas incontáveis uma pessoa terá que viver para estar livre dos apegos! A vida deve ser vivida como se executássemos um dever. Assim, não sucumbiremos em tristeza se os outros se voltarem contra nós ou nos enganarem. Se alguém que nós amamos mais que nossa própria vida de repente nos trair não haverá razão para nos desesperarmos.

Um corte em sua mão não ficará curado se você simplesmente sentar e chorar. Também não irá ajudar chorar quando perder sua fortuna ou um ente querido. O pranto não os trará de volta. Mas se pudermos entender e aceitar o fato que aqueles que estão conosco hoje poderão nos deixar amanhã, seremos capazes de viver felizes, livres de sofrimento, não importando quem se volte contra nós ou nos abandone. Isso não quer dizer que não devemos amar. Pelo contrário, devemos amar a todos, mas nosso amor deve ser altruísta. Devemos amar sem expectativas, pois isso nos ajudará a evitar o sofrimento.

A vida terrena contém sofrimento. Mesmo assim, a vida pode nos trazer felicidade, se tivermos alguma compreensão da espiritualidade. Se mergulharmos em um mar bravio sem qualquer treinamento, poderemos ser tragados pelas ondas e até nos afogar. Contudo, aqueles que sabem nadar no mar podem lidar facilmente mesmo com ondas grandes. Se permitirmos que a espiritualidade seja a base de nossa vida, poderemos avançar sem titubear diante de quaisquer circunstâncias, não importando quão difíceis sejam.

A mente encontra felicidade em um objeto e odeia outro. Algumas pessoas acham que não podem viver sem cigarros, enquanto outras se incomodam com a fumaça. A felicidade e a tristeza habitam a mente. Se você controla a mente e a direciona para o caminho certo, existirá apenas felicidade em sua vida. Para isso, é preciso conhecimento espiritual, se viver de acordo com esse conhecimento, não haverá tristeza. Tente sempre cantar um mantra. Fale somente a respeito de Deus. Deixe de lado todo egoísmo. Entregue tudo a Deus. Se pudermos viver dessa maneira, não experimentaremos o sofrimento. Se nos apegamos com tanta facilidade a qualquer coisa no mundo, por que não nos apegamos a Deus? Nossas línguas sabem falar sobre qualquer coisa, então, por que não podemos ensinar nossa língua a cantar nosso mantra? Se pudermos fazer isso, não só nós, mas também aqueles à nossa volta encontrarão a paz. A maioria das pessoas discute seus problemas com as outras à sua volta. Isso não elimina os problemas, só torna infelizes aqueles que têm que ouvir. É como uma pequena cobra tentando engolir uma cobra grande.

Ser materialista significa esquecer de Deus. É querer nada além da própria felicidade, dependendo dos objetos materiais e sendo forçado a sofrer a maior parte da vida para conseguir pequenos fragmentos de prazer. É assim que as pessoas perdem a paz de espírito e afetam todos em volta. Ser altruísta e entregar tudo a Deus, sabedor de que tudo realmente pertence a Ele – isso é espiritualidade. Aqueles que vivem dessa forma, não só experimentam a paz interior, como também estimulam a manifestação da paz no coração das pessoas que os rodeiam.

Pergunta – Amma, a senhora disse que nossa devoção não deveria nascer dos desejos, mas que deveria ter suas raízes na compreensão dos princípios espirituais. Qual a razão para isso?

Amma – O verdadeiro progresso só poderá ser conseguido através da devoção enraizada nos princípios essenciais. Devemos aprender a levar nossas vidas pelo caminho certo. A devoção nos ensina como fazer isso. Há somente bem-aventurança na vida de um verdadeiro devoto. Entretanto, se sua devoção não é acompanhada de um entendimento dos princípios espirituais, toda a sua vida ficará fora de compasso. Uma vida assim não lhe trará nenhuma felicidade. Por isso, a Amma diz que, quando você adora a Deus, deve compreender os princípios espirituais e deve rezar pela devoção verdadeira.

Hoje em dia, as orações da maioria das pessoas são movidas pelos desejos. Sua devoção não se baseia em nenhum entendimento real. Elas vão ao templo quando querem alguma coisa e fazem o voto de dar a Deus algo em troca, se Ele lhes der o que pedem. Isso não pode ser chamado de devoção. A felicidade não pode ser alcançada dessa forma. Elas amam a Deus se conseguem o que querem e o odeiam se isso não acontece. Uma vida assim é de fé quebrada e intermitente.

Em uma vila, havia dois casais que estavam casados há dez anos, sem filhos. Um casal se sentia tão infeliz por isso que começou a rezar todos os dias para ter um filho. Então, certa noite, o marido teve um sonho. Um ser divino lhe apareceu e perguntou: "Se lhe for dada uma criança, ficará satisfeito?", ao que ele respondeu: "Sem um filho, nunca ficarei feliz. Se pelo menos tivesse um filho, estaria sempre satisfeito." O Ser Divino o abençoou e desapareceu. Pouco depois, a esposa ficou grávida. Ambos ficaram extremamente felizes. Mas a felicidade não durou muito, pois se preocupavam com o filho por nascer. Seus pensamentos constantes eram: "Será que os membros e órgãos do bebê estarão perfeitos? Nosso filho será saudável? Ele ou ela será bonito?" Antes, haviam rezado para Deus pelo desejo de ter um filho, mas agora não tinham um só momento para pensar em Deus. Seus pensamentos estavam no filho por nascer. Não tinham um só momento de paz.

147

O bebê chegou. Era um menino saudável, e os pais ficaram muito felizes. Começaram a economizar dinheiro para a educação do filho, que quando cresceu, entrou para a escola. Cada manhã, quando o menino saía, os pais se preocupavam. Alguém iria machucá-lo? E se ele caísse em algum lugar? Não podiam relaxar até que o filho voltasse. À medida que crescia, tornava-se obstinado e voluntarioso. Recusava-se a obedecer aos pais e não prestava atenção nos estudos. A única preocupação dos pais era o seu futuro. Mas, conforme o rapaz crescia, seus modos pioravam. Todos reclamavam de seu comportamento. Quando o jovem chegou à faculdade, começou a beber. Constantemente importunava os pais por dinheiro. Isso se tornou um hábito diário. Não hesitava em insultá-los e até mesmo em bater neles. Agora, os pais temiam a hora em que ele voltava para casa. O filho vendeu os pertences dos pais, um a um. Certo dia, quando se recusaram a dar-lhe dinheiro, ameaçou-os com uma faca. Temendo por suas vidas, tomaram dinheiro emprestado para dar tudo o que ele queria, já que haviam perdido o que possuíam. Quando não foram capazes de pagar suas dívidas, os moradores locais se voltaram contra eles e pararam de emprestar dinheiro. Finalmente, quando os pais já não tinham mais utilidade, o filho os deixou e nunca mais voltou. Eles tinham vivido somente para aquele filho, e agora ele se fora, os vizinhos os odiavam e haviam perdido tudo. Só podiam chorar. Nada restara em suas vidas, apenas desespero.

Se tudo o que queremos é a felicidade terrena, devemos estar preparados para suportar as tristezas que vêm junto.

O outro casal também havia rezado a Deus, mas não por um filho. Oraram apenas. Sua devoção se baseava no verdadeiro amor por Deus. O fato de não terem filhos nunca os incomodou. Sua oração era: "Não temos nenhum filho. Por isso, Deus, fazei com que olhemos para todos como Seus filhos. Teremos filhos se essa for a vontade de Deus. Por que nos preocuparmos com isso?

Devemos orar por devoção a Deus." Essa era a atitude do casal. Eles tinham uma compreensão real do que era a espiritualidade e estavam conscientes do que era eterno e do propósito da vida. Cantavam seus mantras constantemente e, durante o tempo livre, alegremente relembravam histórias de Deus, cantando músicas devocionais junto com os amigos e a família.

Todos os dias rezavam para que pudessem amar e servir a todos. Também davam uma parte do que ganhavam aos pobres. Deus estava satisfeito com a devoção deles, destituída de ego. E, embora não tivessem orado por isso, foram abençoados com um filho. A devoção continuou inalterada após o nascimento da criança. Embora estivessem gratos e felizes, não demonstravam alegria excessiva com o nascimento do filho. Continuaram a levar uma vida dedicada a Deus.

Contavam a seu filho histórias espirituais e o ensinavam a orar e cantar canções devocionais desde a mais tenra idade. Conseqüentemente, o garoto adquiriu um bom temperamento e era querido por todos. Os pais eram muito amorosos com o filho, mas não eram excessivamente apegados a ele. Eles se mantiveram firmes a Deus. Conforme a idade avançava, eles não esperavam que alguém lhes fizesse companhia. Deus era o centro de suas vidas. Mas muitas pessoas vinham visitá-los e os serviam com reverência e amor, pois se sentiam atraídas pela devoção inocente e pelo amor altruísta que o casal tinha por todos.

Por seu altruísmo, o casal gozava de uma vida feliz. Estavam satisfeitos tanto antes quanto depois do nascimento do filho. E, porque rezavam dizendo: "Deus, faça-nos ver a todos como Seus filhos", ganharam muito mais do que um filho; receberam muitas pessoas que os amavam e lhes prestavam serviço.

Os dois casais tinham *bhakti* (devoção), mas a devoção de um era *kamya bhakti* (devoção a partir do desejo), enquanto o outro tinha uma devoção imotivada —o amor pelo amor simplesmente.

149

Para o primeiro casal, o filho era tudo. Os pais achavam que ele ficaria com eles para sempre. Deus nada mais era do que um meio para alcançar os desejos. Assim que conseguiram o que queriam, esqueceram-se de Deus, e quando aquele filho os deixou, ficaram tomados pelo desespero.

O segundo casal, entretanto, entendeu que somente Deus é verdadeiro e eterno nesse mundo ilusório. Estes pais sabiam que ninguém ama ninguém acima da própria felicidade. Sabiam também que nem um filho, cônjuge, bens materiais, nada iria acompanhá-los quando a morte chegasse.

Portanto, o único objetivo deles era realizar o Eu Superior, que por si só é eterno, e viviam de acordo com esse objetivo. A devoção deles tinha raízes em *tattva* (o verdadeiro princípio espiritual). Não se lamentavam se alguém se voltava contra eles e até amavam essas pessoas. Eram felizes porque tinham entregado suas vidas a Deus.

Meus filhos, a devoção deve ser baseada somente em nosso amor por Deus. Assim, Deus nos dará tudo. Não será necessário preocuparmo-nos sobre quem cuidará de nós na idade avançada. Nenhum devoto sincero já morreu de fome ou sofreu porque não tinha quem cuidasse dele. E por que pensar no que acontece com o corpo depois da morte? Ele logo começará a cheirar mal e será enterrado ou cremado. Não há necessidade em desperdiçar sua vida se preocupando com tais coisas. Por que se angustiar pensando no amanhã? Mesmo o que aconteceu há um momento é como um cheque cancelado. Não existe razão para perder a força pensando nisso. Viva o hoje com grande cuidado e atenção, e o amanhã será seu amigo.

A devoção é importante, mas rezar e depois sair falando mal dos outros não é devoção. Aqueles que têm devoção não guardam ciúme ou má vontade com os outros. Devíamos ver Deus em todos – isso é devoção. Para se ter o que a Amma chama de devoção, é necessário ter a habilidade de distinguir entre o que é eterno e o que é efêmero.

Pergunta – Não é Deus que nos leva a fazer tanto o que é certo como o que é errado?

Amma – Isso será verdade se você realmente tiver a consciência de que é Deus que age através de você. Nesse caso, quando usufrui dos benefícios de uma boa ação ou quando vive a punição de uma ação negativa, deverá da mesma forma ser capaz de pensar: "É Deus que tudo dá." Deus não é responsável por nossos erros. Nós é que somos. Culpar Deus pelos problemas que surgem por nossa ignorância é o mesmo que responsabilizar a gasolina se o nosso carro bater por dirigirmos sem cuidado. Deus deixou claro como devemos viver nesse mundo. Não podemos culpar a Deus pelas conseqüências de não seguirmos suas orientações.

Pergunta – No *Bhagavad Gita*, é dito que devemos agir sem qualquer desejo pelos frutos da ação. Como podemos trabalhar sem querer os frutos de nosso trabalho?

Amma – O Senhor disse isso para nos permitir viver uma vida livre de sofrimentos. Aja com grande cuidado e atenção, sem ser consumido pela ansiedade pelos resultados. Os resultados apropriados virão no tempo certo. Se você estuda, faça-o com atenção. Não há necessidade de se preocupar com a aprovação no fim do ano letivo. Se você estiver construindo uma casa, faça-o com cuidado, de acordo com os planos, sem se atormentar pensando se ficará em pé. Faça boas ações, e os bons resultados com certeza virão.

Se você vender arroz de boa qualidade, sem pedras, todos comprarão. Esse é o fruto desejado por seu esforço em selecionar os bons grãos, ferver, secar e descascar o arroz. Contudo, se você o adulterar para conseguir maiores lucros, receberá um castigo por isso, mais cedo ou mais tarde. Também perderá sua paz de espírito. Portanto, execute suas ações com cuidado e atenção, com a atitude de que tudo o que faz é um oferecimento a Deus. Receberá os frutos de suas ações na medida certa, nem mais nem menos, preocupando-se ou não com os resultados. Portanto, por que perder tempo pensando sobre isso? Não será melhor usar essa energia para executar bem uma ação? Não será melhor concentrar sua mente em Deus em vez de desperdiçar seu tempo?

Pergunta – Se o Eu Superior é onipresente, ele não deveria estar presente no corpo mesmo após a morte? Então, por que a morte ocorre?

Amma – Só porque a lâmpada queima, não significa que não exista energia elétrica. Se desligar o ventilador, não sentirá nenhum vento, mas o ar não desaparece. Ou digamos que você encha um balão, amarre a ponta, e o veja subir ao céu. Se o balão estourar, o ar não vai parar de existir. Ele ainda está lá. O Eu Superior está presente em todo lugar. Deus está em todo lugar. A morte não acontece por causa da ausência do Eu Superior, mas em decorrência da falha de *upadhi* (suporte ou instrumento, nesse caso, o corpo). A morte é a destruição do *upadhi* e nada tem a ver com qualquer deficiência do Eu Superior.

Pergunta – É possível alcançar o estado de realização do Eu Superior através da prática espiritual, da leitura de livros e da escuta de discursos espirituais somente, sem a ajuda de um mestre espiritual?

Amma – Você não se tornará um mecânico somente aprendendo dos livros. Terá que treinar com um mecânico experiente. Você precisa ver o que aquela pessoa está fazendo e aprender com ela. Da mesma forma, para que possa estar consciente dos obstáculos que podem surgir durante a prática espiritual e para superá-los para atingir o objetivo final, você precisará de um mestre espiritual.

As orientações sobre como tomar um remédio estão escritas na bula, mas você não deve tomar um remédio sem antes consultar um médico. A bula lhe fornece somente instruções gerais. O médico decide como o medicamento deve ser usado, levando em consideração a saúde e a constituição de cada paciente. Se você não seguir as orientações do profissional, a fórmula poderá fazer mais mal do que bem.

Você poderá aprender sobre a espiritualidade e as práticas espirituais lendo livros e ouvindo palestras, mas, para superar certas dificuldades que possam surgir e alcançar o objetivo final através da prática espiritual, precisará de um mestre espiritual.

Quando um broto é transplantado de um lugar para outro, uma parte do solo original deve ser levada com ele, pois assim não será tão difícil para a planta fincar raízes e se adaptar à nova residência. Sem esse solo original, será difícil para a planta se acostumar ao novo solo. A presença de um mestre espiritual é como o solo original da planta.

No começo, é muito difícil para o aspirante perseverar em sua prática espiritual. A presença do mestre dá ao discípulo a força necessária para transcender os obstáculos e manter-se firmemente enraizado na vida espiritual. Uma macieira precisa de um clima especial para crescer adequadamente. Ela também necessita de água e fertilizantes em determinadas épocas. Quaisquer pragas que infestem a árvore têm que ser destruídas. O mestre cria as circunstâncias adequadas para a prática espiritual do discípulo e o protege de todos os obstáculos.

O mestre indica que tipo de prática espiritual o aspirante deve executar. Ele decide qual o caminho espiritual que a pessoa deve seguir e se sua prática espiritual deverá ser a do discernimento (entre o eterno e o transitório), serviço desinteressado, ioga, algum tipo específico de meditação ou o canto do mantra e a oração. Algumas pessoas não têm a constituição física necessária

153

para praticar ioga e existem aqueles que não devem meditar por longos períodos de tempo. O que aconteceria se você permitisse que 125 pessoas entrassem em um ônibus onde só cabem 25? Você não pode operar um pequeno liquidificador da mesma forma que lidaria com um grande triturador. Se deixar que o aparelho funcione continuamente por muito tempo, ele vai se aquecer e queimar. O mestre sugere a prática espiritual apropriada de acordo com o estado intelectual, mental e físico de cada pessoa. O mestre conhece a natureza de sua mente e de seu corpo melhor do que você. Ele o instrui de acordo com as qualificações que você tem. Se você ignorar isso e começar a executar práticas espirituais baseado em alguma informação que obteve em algum lugar, sem receber as orientações apropriadas, poderá ficar desequilibrado. Se uma pessoa meditar excessivamente, a cabeça poderá ficar muito quente. A pessoa então pode perder o sono. O mestre dá instruções de acordo com a natureza de cada indivíduo sobre qual parte do corpo se concentrar durante a meditação – o coração ou o ponto entre as sobrancelhas, por exemplo – e sobre quanto tempo permanecer meditando.

Quando você embarca em uma jornada, se estiver acompanhado de uma pessoa que mora no lugar para onde está indo e que conhece todas as rotas até lá, chegará ao seu destino rapidamente. De outra forma, a viagem que levaria uma hora, poderá levar dez. Mesmo que tenha um mapa, ainda assim poderá se perder na estrada que não lhe é familiar. Poderá acabar chegando a algum local perigoso. Mas nada há a temer, se tiver um acompanhante que conhece o caminho. O papel do mestre espiritual pode ser comparado ao desse acompanhante. O mestre está profundamente familiarizado com todos os diferentes caminhos na jornada espiritual. Poderão surgir obstáculos a qualquer momento de sua prática espiritual e, sem um mestre para guiá-lo, será difícil manter sua prática quando isso acontecer.

154

Se receber a iniciação de um *satguru*, poderá progredir rapidamente. Você não pode fazer iogurte simplesmente adicionando leite ao leite. Deve acrescentar um pouco de iogurte ao leite. A iniciação com o mantra pelo *satguru* é semelhante. Ela desperta o poder espiritual do aspirante.

Pergunta – Não é escravidão obedecer a um mestre espiritual?

Amma – É difícil se livrar do ego somente através da prática espiritual. Para remover o ego, você deve praticar certos exercícios prescritos por um mestre qualificado. Quando nos prostramos diante de um mestre espiritual, não estamos nos concentrando naquele indivíduo, mas nos princípios que o mestre incorpora. Estamos reverenciando o ideal, de forma que possamos também alcançar aquele nível. Somente através da humildade poderemos ascender. Existe uma árvore dentro de cada semente. Mas se a semente permanece armazenada alegando ser uma árvore, simplesmente se tornará comida para os ratos! A real natureza da semente emerge depois que ela se curva e vai para dentro da terra.

O guarda-chuva se abre depois que o botão é pressionado para baixo. Então ele pode proteger as pessoas da chuva e do sol.

Quando éramos crianças e obedecíamos, respeitávamos e honrávamos nossos pais, professores e idosos, nós nos desenvolvíamos, crescíamos mais sábios e cultivávamos qualidades e hábitos positivos. Assim também, através da obediência do discípulo para com o mestre, o discípulo se eleva para um estado mais expansivo de consciência e se torna o rei dos reis.

O verdadeiro mestre é a própria encarnação da renúncia. Conseguimos compreender o que são a verdade, o *dharma*, o altruísmo e o amor porque o mestre "vive" essas qualidades. O mestre é a vida dessas qualidades. Obedecendo e reverenciando o *satguru*, cultivamos essas qualidades em nós mesmos.

155

Quando entramos no avião, os comissários de bordo nos pedem para apertarmos o cinto de segurança. Não fazem isso para mostrar superioridade, mas somente para garantir nossa segurança. Quando o mestre instrui o discípulo a praticar o autocontrole e a restrição e a obedecer a certas regras, o faz pelo desenvolvimento do discípulo. O mestre instrui o discípulo para protegê-lo de quaisquer dificuldades que possam surgir. O mestre sabe que o tombo que o discípulo pode levar por causa do ego poderá colocar em perigo não só aquele indivíduo, mas os outros discípulos também. As pessoas obedecem aos sinais do guarda de trânsito e isso evita incontáveis acidentes. O *satguru* salva o discípulo de situações que o poderiam levar à ruína espiritual em razão do sentido de "eu" e "meu". O mestre dá ao discípulo o treinamento que ele ou ela precisa a fim de evitar tais situações no futuro.

A obediência a um mestre não é escravidão, muito pelo contrário. O único objetivo do mestre é a segurança e a libertação final do discípulo. O mestre é alguém que realmente pode nos mostrar o caminho. Um verdadeiro mestre nunca vai enxergar o discípulo como escravo. Ele sente apenas um amor ilimitado pelo discípulo. O desejo do mestre é ver o sucesso do discípulo, mesmo que tenha que enfrentar o fracasso no processo. O mestre perfeito é uma verdadeira mãe.

Pergunta – Aqueles que entregam suas vidas a Deus têm que se esforçar?

Amma – Meus filhos, sem esforço, ninguém tem sucesso na vida. Ficar sentado sem fazer esforço algum alegando que Deus cuidará de tudo é pura preguiça. Essas pessoas dizem que Deus vai cuidar de tudo, mas não se entregam completamente a essa idéia. Sempre que precisam trabalhar, dizem que Deus cuidará de tudo, mas assim que sentem fome, procuram encher as barrigas, até mesmo roubando. Não esperam pacientemente que Deus lhes traga alimento! Quando se trata de fome ou outras questões pessoais, a entrega a Deus fica só nas palavras. Deus cuida de todos os aspectos de nossas vidas. Isso não significa que conseguiremos algum resultado sentados de braços cruzados, quando a ocasião nos pede ação. Deus não nos deu vida, saúde e inteligência para desperdiçarmos com preguiça! Devemos ter disposição para trabalhar de acordo com as instruções de Deus. O fogo pode ser usado para queimar uma casa ou para cozinhar. Se não usarmos o que Deus nos deu da forma que Ele planejou, isso poderá causar mais mal do que bem. Sempre que seu trabalho for necessário, aja da forma correta, como uma oferenda a Deus. Somente assim você conseguirá os resultados mais apropriados.

Um discípulo saiu para mendigar comida, ficou fora o dia todo, mas não conseguiu nada. Voltou ao seu mestre naquela noite, cansado e faminto, revoltado com Deus porque não havia conseguido nenhuma esmola. O discípulo disse ao mestre: "De agora em diante, não quero mais depender de Deus. Por que deveria me refugiar em um Deus incapaz de me dar até mesmo uma refeição? Foi um erro depositar minha confiança em Deus!"

O mestre lhe perguntou: "Se eu lhe desse cem mil rúpias, você me daria seus olhos em troca?"

O discípulo respondeu: "Eu ficaria cego sem eles! Quem venderia os olhos?"

"Esqueça os olhos, então. Você me daria sua língua?"

"Como eu poderia falar sem ela?"

"Então, me dê seu braço. Ou, se não puder, pode ser uma perna. Eu te darei cem mil rúpias!"

"Meu corpo é mais valioso que o dinheiro. Ninguém gostaria de perder qualquer parte do corpo."

Percebendo a atitude do discípulo, o mestre comentou: "Seu corpo realmente não tem preço. Contudo, Deus lhe deu o corpo sem pedir nada em troca. Mesmo assim, você o critica. Deus não lhe deu esse corpo inestimável para que você ficasse sentado, sem fazer nada. Você foi feito para levar uma vida ativa, com grande atenção e consciência."

Três homens receberam três sementes. O primeiro trancou-as em segurança dentro de uma caixa; o segundo comeu-as imediatamente para saciar sua fome, e o terceiro plantou-as e cultivou-as.

Aqueles que ficam parados sem fazer coisa alguma, alegando que Deus fará tudo por eles, são como o homem que guardou as sementes na caixa –essas sementes não são úteis para quem quer que seja. Pessoas assim são simplesmente preguiçosas, são um peso para o mundo. Não usam seus instrumentos, isto é, seu corpo, sua mente e intelecto, oferecidos a elas por Deus.

O homem que comeu as sementes pôde saciar sua fome temporariamente. Assim são as pessoas do mundo, cujo objetivo de vida é a felicidade temporária. Contudo, o homem que entendeu como usar bem suas sementes, que as plantou e cultivou, foi capaz de alimentar a si mesmo e a sua família com os frutos que colheu. Pôde também plantar novas sementes a partir desses frutos e saciar as necessidades dos vizinhos também. Somente compreendendo o propósito planejado e verdadeiro dos instrumentos que recebemos de Deus e os utilizando da maneira adequada, poderemos viver vidas úteis e atingir a verdadeira meta.

Meus filhos, entregar-se a Deus é usar esse instrumento dado por Ele com cuidado e atenção. Ficar de braços cruzados sem fazer o mínimo esforço é um grande pecado contra Ele.

O que Krishna disse no *Gita*? "Arjuna, você deve lutar pensando em Mim!" Ele não disse: "Você não deve fazer coisa alguma. Simplesmente sente-se, e Eu o protegerei." Se dermos um passo na direção de Deus, Ele dará cem passos na nossa direção. Entretanto, não temos a entrega necessária para dar um único passo. Meus filhos, não se esqueçam que é Deus quem nos dá a capacidade e as circunstâncias necessárias para fazermos um esforço. Mas o sucesso de nosso empenho também depende da graça de Deus. Portanto, é nosso dever nos esforçar e entregar os frutos, sejam quais forem, a Deus.

Devemos ser como um pedaço de madeira nas mãos de Deus. Em momentos diferentes, Ele poderá nos cortar em pedaços, fazer um brinquedo conosco ou usar-nos como combustível para o fogo. Nossa entrega a Deus deve ser tal que possamos dizer: "Deixe que Deus faça comigo o que desejar. Aceitarei qualquer coisa com alegria." Quando temos essa atitude, o que fazemos se torna a ação correta. Assim, nem a vitória nem o fracasso nos afetarão, e sentiremos paz interior e contentamento.

Meus filhos, devemos tentar difundir os princípios espirituais, colocando-os em prática em nossas próprias vidas. Não podemos propagar esse conhecimento entre as pessoas simplesmente falando sobre ele. O tempo que as pessoas desperdiçam falando seria suficiente para colocar esses ensinamentos em prática! As pessoas comuns gostam de imitar os atos daqueles que têm posição e status na sociedade. Por isso é tão importante que aqueles que têm uma posição privilegiada tentem ser um modelo positivo para os outros.

Certa vez, um ministro do governo, convidado pelo prefeito local, visitou por uma noite um vilarejo que era o lugar mais sujo de todo o país. Havia pilhas de lixo ao longo das ruas, o esgoto a céu aberto transbordava com água suja e estagnada, e toda a área cheirava muito mal.

Quando o ministro perguntou ao prefeito porque o local era tão sujo, este respondeu: "As pessoas daqui são ignorantes. Não têm noção de limpeza e simplesmente não se importam com isso. Tentei ensinar-lhes, mas elas não escutam. Eu lhes disse para limpar o vilarejo, mas elas se recusam. Então, desisti." O prefeito continuou a falar, culpando os habitantes do local, e o ministro escutou pacientemente sem dizer uma palavra Eles jantaram e depois o ministro foi dormir.

No dia seguinte, quando o prefeito acordou, não encontrou o ministro. Procurou por toda a casa, mas não havia sinal dele. Perguntou aos empregados, mas ninguém o tinha visto. Preocupado, o prefeito saiu para procurá-lo e por fim, encontrou-o. O ministro estava na rua sozinho, limpando a sujeira. Ele juntava o lixo em uma pilha e depois o queimava. Quando o prefeito viu isso, sentiu-se envergonhado e pensou: "Como posso ficar aqui em pé, parado, enquanto o ministro em pessoa está trabalhando assim?" Então, ele se juntou ao ministro e começou também a limpar a vila. Quando as pessoas saíram às ruas, surpreenderam-se em ver os dois homens limpando aquela sujeira e perceberam que não podiam ficar ali assistindo o ministro e o prefeito limparem o vilarejo. Por isso, todas foram ajudar. Logo, a vila ficou totalmente limpa. Todo o lixo foi removido e os esgotos limpos. Não restou um único ponto sujo, e toda a vila parecia completamente diferente.

Meus filhos, leva menos tempo demonstrar algo por meio de ações do que com palavras. Devemos estar dispostos a agir, sem esperar alguém para nos ajudar. As pessoas acabam se unindo e ajudando. Se simplesmente nos afastamos, culpando e criticando os outros, fazemos isso a partir de nossa mente poluída e acabamos poluindo também a mente daqueles a quem criticamos. Portanto, meus filhos, precisamos agir e não só falar. A mudança só é possível a partir da ação.

Pergunta – Diz-se que devemos manter a imparcialidade tanto ao recebermos honras como acusações. Mas também se diz que Vishnu ficou satisfeito quando os seres celestiais cantaram em Seu louvor. Nesse caso, Ele não teria sido influenciado pela honra?

Amma – O Senhor nunca se deixa levar pelo elogio. Ele é a própria equanimidade. O elogio e a crítica são o mesmo para ele. Mesmo se você jogasse lixo no Senhor, Ele lhe daria um doce em troca. Assim é Sua mente. Isso é equanimidade. O Senhor ensinou uma lição aos *devas* (seres celestiais). Para fazê-los sofrer um pouco a princípio, manteve os olhos fechados quando eles chegaram. Embora os seres celestiais o chamassem muitas vezes, Ele não deu o menor sinal de percebê-los. Finalmente, rezaram ao Senhor com corações ardentes e, somente então, Ele abriu os olhos. Os *devas* foram capazes de ver o Senhor em seus corações como resultado de suas orações. Aqueles mantras não haviam sido pronunciados para elogiá-Lo ou para conseguir algo, eram orações de devotos que o contemplavam. Eles rezaram pela revelação da verdadeira natureza do Eu Superior e o Senhor ficou satisfeito com os corações inocentes dos devotos. É impossível agradar ao Senhor se isso não vier do coração.

Pergunta – Como um *mahatma* vê o mundo?

Amma – Uma mulher apaixonada vai assistir a uma peça de teatro em que trabalha seu amado e se delicia com sua atuação. Enxerga o personagem através dele, mas é sempre o seu amado que ela vê por detrás do papel representado, e é por isso que ela gosta da peça. Ela fica encantada. Assim também, tudo o que o *mahatma* vê no mundo é simplesmente um papel diferente sendo encenado por Deus. Os *mahatmas* vêem Deus por detrás do mundo e de cada pessoa.

Pergunta – Podemos mudar nosso destino por meio de nosso próprio esforço?

Amma – Se você realizar suas ações como uma oferenda a Deus, poderá transcender o destino. Evite a preguiça a todo custo e faça o melhor que puder sem culpar o destino. A pessoa que se recusa a fazer qualquer esforço na vida e depois culpa o destino é simplesmente preguiçosa.

Dois homens fizeram um mapa astral e descobriram que ambos estavam destinados a morrer por picada de cobra. Daquele dia em diante, um deles foi tomado pela ansiedade e pensava constantemente em cobras e na morte. Ficou perturbado e, por isso, sua família perdeu a paz de espírito. Contudo, seu amigo recusou-se a sucumbir a qualquer pensamento negativo. Em vez disso, buscou uma solução e procurou formas de evitar picadas de cobras. Buscou refúgio em Deus, quando percebeu que pouco poderia fazer. Mas, ainda assim, decidiu usar a inteligência e a saúde dadas por Deus e ficou em seu quarto tomando todas as precauções necessárias para evitar seu destino.

Certo dia, na época em que estava destinado a ser picado, ele estava orando quando algo o fez levantar. Seu pé bateu em um objeto pontiagudo e ele se feriu. Havia uma escultura de serpente naquele quarto. Seu pé havia atingido a ponta da língua da cobra de metal. Esse ferimento ocorreu na hora exata em que a mordida de cobra havia sido prevista, mas não por ação de um réptil verdadeiro e, portanto, não havia veneno. O esforço dele para lidar com a situação enquanto se entregava a Deus rendeu frutos. Mas, a vida do outro homem foi arruinada pelo medo, antes mesmo que qualquer tragédia acontecesse. Portanto, devemos nos esforçar e fazer o melhor que pudermos, como uma oferta a Deus, sem culpar o destino. Assim, sobreviveremos a qualquer obstáculo.

Pergunta – Krishna não poderia ter mudado o modo de pensar de Duryodhana e evitado a guerra?

Amma – O Senhor mostrou sua Forma Divina tanto aos Pandavas como aos Kauravas. Arjuna foi capaz de perceber sua grandeza, mas Duryodhana não. Ele cometeu um pecado, quando considerou a visão dada por Krishna como magia. Independentemente do que um *mahatma* faça, não beneficiará aqueles que se recusam a se entregar. As orientações espirituais só podem ser dadas de acordo com as qualificações e o caráter do aspirante. Para Duryodhana, somente a compreensão física era importante (aquela proveniente de sua consciência corporal). Ele não estava pronto para escutar uma verdade espiritual, não acreditava que Krishna falasse para seu bem e achava que o Senhor sempre favorecia os Pandavas. A guerra era a única forma de destruir o ego de um indivíduo tão *adhármico* como Duryodhana.

Pergunta – Não é inútil rezar antes que a mente da pessoa esteja purificada?

Amma – Meus filhos, não tenham pensamentos como: "Eu cometi muitos erros em minha vida e não posso rezar porque minha mente não é suficientemente pura." Se você decidir que só nadará no mar depois que todas as ondas tiverem se acalmado, nunca chegará a dar um só mergulho; tampouco aprenderá a nadar sentado na praia. Para nadar, é preciso entrar na água.

Imagine se um médico dissesse ao paciente: "Você pode vir me ver somente quando melhorar de sua doença." Qual seria o benefício? Nós vamos ao médico justamente para curar a doença!

Deus purifica nossas mentes, por isso nos refugiamos nele. Somente através de Deus podemos purificar nossas mentes.

Não é preciso nos torturarmos com remorsos pela forma como vivemos até o presente. O passado é como um cheque cancelado.

Um lápis geralmente vem com uma borracha para que possamos apagar rapidamente o que acabamos de escrever. Mas só podemos apagar uma vez, pois se escrevermos novamente no mesmo lugar e apagarmos, acabaremos por rasgar o papel. Deus nos perdoa pelos erros que cometemos por nossa ignorância, mas repetir o mesmo erro depois de entender que não é certo é o pior tipo de erro, e devemos evitar isso.

Pergunta – Pode-se notar a raiva em muitas pessoas que fazem práticas espirituais. Como isso pode ser removido?

Amma – A raiva não pode ser transcendida somente através da meditação ou da repetição de mantras. Aqueles que passam todo o tempo solitários, desenvolvendo apenas as práticas espirituais, são como uma árvore no calor escaldante de um deserto distante. O mundo não se beneficia de sua sombra. Estas pessoas devem sair e, vivendo no mundo, tentar desenvolver a atitude de enxergar Deus em todos e em tudo. Se você colocar pedras de formatos diferentes em uma caixa e as chacoalhar, elas vão se chocar umas contra as outras, perdendo assim suas pontas afiadas. Ficarão lisas e suaves. Da mesma forma, o aspirante deve sair para o mundo, lutar e desenvolver uma mente madura. Somente aquele que é bem-sucedido em um mundo cheio de diversidades pode declarar ter obtido sucesso.

Corajosos são aqueles que evitam ficar zangados nas situações onde a raiva seria de se esperar. Quando a pessoa executa práticas espirituais na solidão e diz: "Eu não tenho raiva", isso não quer dizer coisa alguma, nem é sinal de coragem. Suas tendências negativas não vão necessariamente desaparecer só porque está fazendo práticas espirituais em algum lugar isolado. Uma serpente congelada não levanta a cabeça para picar, mas, assim que é aquecida pelo sol, sua natureza muda.

O chacal senta na floresta e faz uma promessa: "De agora em diante, não uivarei quando vir um cachorro!" Mas quando sai da floresta e tem o menor vislumbre do rabo de um cão, a promessa se evapora. Deveríamos ser capazes de manter nosso controle mental mesmo nas circunstâncias mais adversas. É dessa maneira que o sucesso de suas práticas espirituais poderá ser medido. Em certo estágio da prática espiritual, o aspirante é como uma criança confinada em um quarto, e a sua raiva freqüentemente fica um pouco mais forte. Isto pode ser superado através da prática na presença de um mestre.

Pergunta – Não é verdade que alguns sábios costumavam ficar zangados?

Amma – A raiva desses sábios destruía o ego das pessoas. Essa raiva era uma expressão de compaixão. A ira de um sábio não pode ser comparada com a raiva de uma pessoa comum. O propósito da ira do mestre é remover *tamas* (inércia) do discípulo. Se uma vaca estiver comendo as plantas de seu jardim, e você pedir gentilmente ao animal: "Querida vaca, por favor, não coma a planta. Por favor, vá embora", ela não se moverá. Mas se você falar alto, de forma dura, ela se afastará. Sua severidade afasta a vaca do lugar, pois ela não possui discernimento do erro que está cometendo. Da mesma forma, a ira do mestre perfeito é como o sabão que limpa a mente do discípulo. O único objetivo do mestre é o progresso do discípulo. Uma corda ou uma casca de limão queimada parece manter a forma, mas se esfacela no momento em que as tocamos. A ira de um sábio não é real. É um ato deliberado com o objetivo de conduzir os outros ao caminho certo.

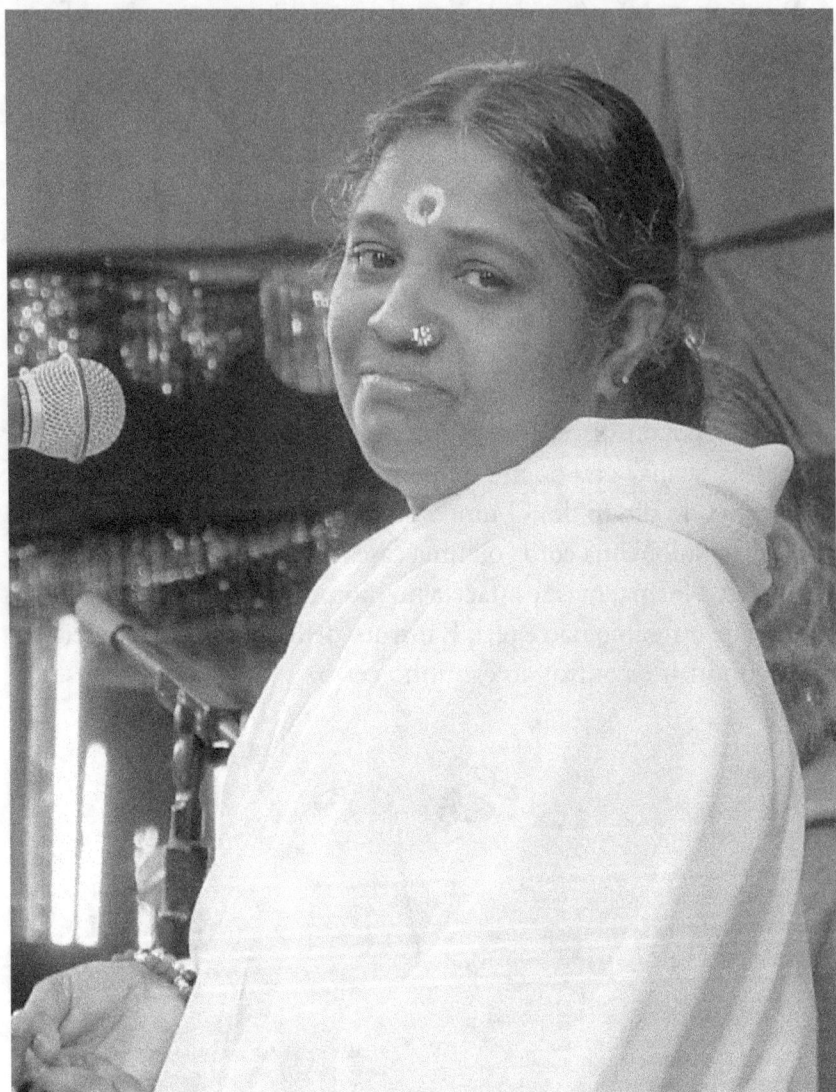

Conversas com a Amma

Pergunta – Amma, freqüentamos templos e a visitamos. Isto é o suficiente para nosso progresso espiritual ou também temos que meditar e repetir o mantra?

Amma – Meus filhos, não pensem que conseguirão paz de espírito simplesmente por virem aqui, mesmo que o façam por muitos anos seguidos, ou que visitem um templo milhares de vezes. É um absurdo culpar Deus e reclamar por ter visitado templos por quarenta anos sem obter ganho algum. Enquanto seu coração não se purificar, não haverá benefício. É inútil visitar o *ashram*, se vocês continuam pensando nas coisas que terão que fazer quando chegarem em casa e ficarem impacientes para partir. Quando visitarem um templo ou vierem aqui, repitam seus mantras, pratiquem *archana* (recitação dos nomes divinos), meditem ou cantem para Deus. Somente assim se beneficiarão. Dirijam seus corações ao reino de Deus.

Ninguém alcança a libertação só por ir a Benares ou a Tiruppati[1] para se banhar e passear. Se as pessoas automaticamente obtivessem a liberação só por ir a Tiruppati, todos que trabalham por lá seriam libertados, não é mesmo? E todo assassino ou ladrão que vivesse em Benares também alcançaria a libertação, não? Nossos corações devem ser purificados, somente então tiraremos benefício de uma visita, mas isso raramente acontece hoje em dia.

---

[1] Lugares sagrados da Índia. Tiruppati é um dos lugares de peregrinação mais importantes do sul da Índia, onde existe um famoso templo dedicado a Venkeshwara (Senhor Vishnu).

O concreto só será bem fixado se a base de pedras[2] usada for pura. Somente quando nossos corações estiverem puros é que Deus poderá se fixar dentro de nós. Se concentrarmos nossa mente em Deus por meio dos mantras, da meditação ou da oração, a mente irá se purificar. Uma estação de televisão transmite vários canais, mas temos que sintonizar a TV no canal correto. Se não selecionamos o canal certo, por que culpar os outros quando não conseguimos ver nada? A graça de Deus está sempre conosco, mas para recebê--la, temos que primeiro entrar em sintonia com Ele. Se não nos preocuparmos em fazer isso, não existe razão para culpar Deus. Se não estivermos sintonizados com o reino de Deus, haverá somente notas dissonantes de ignorância dentro de nós e não a divina música de Deus. Deus é definitivamente misericordioso. Tentemos modelar nossos corações. É isso que necessitamos fazer.

Pergunta – Amma, eu não encontrei paz ou felicidade na vida, apenas sofrimento. Não consigo ver uma razão para continuar a viver.

Amma – Filha, seu ego é a causa do seu sofrimento. Deus, que é a própria fonte de paz e felicidade, existe dentro de nós. Só podemos conhecer Deus através das práticas espirituais e da renúncia ao ego.

Vamos imaginar que você esteja andando sob um sol escaldante e não agüente dar nem mais um passo, porque está exausta com o calor. No entanto, o tempo todo você está carregando um guarda-sol debaixo do braço! Esta é a sua condição agora: se apenas abrisse a sombrinha e se abrigasse debaixo dela, o sol não a cansaria. O poder espiritual e as qualidades espirituais existem dentro de você, mas como não tem consciência disso, você vive em sofrimento. A vida não pode ser culpada por isto. Tudo o que

---

[2] Camada de pedras usada no concreto para a construção ou reparação de estradas.

tem a fazer é livrar-se do ego e colocar Deus em seu lugar. Não existe necessidade de ir a lugar algum em busca de paz. A verdade e os nobres ideais – isso é Deus. Contudo, não existe espaço para tais ideais em uma mente cheia do sentido do "eu". O ego deve ser erradicado com o auxílio da humildade. Assim, por meio do poder dentro de nós, experienciamos a paz. Quando aquecemos o metal no fogo, podemos moldá-lo da forma que desejamos. Quando oferecemos nosso ego ao fogo de Deus, podemos nos transformar em nossa verdadeira natureza.

Pergunta – Amma, podemos realmente encontrar paz interior através da prática espiritual?

Amma – Você não encontrará paz apenas fazendo práticas espirituais; terá também que pôr de lado o ego. Somente assim poderá experimentar os benefícios de sua prática e conquistar a paz de espírito. Você pode perguntar: "Todo mundo que ora a Deus ou canta músicas devocionais alcança a paz?"

Sua mente se fortalecerá somente se você entender os princípios espirituais e depois orar ou cantar. A prática espiritual beneficia apenas aqueles que, tendo estudado as escrituras ou escutado palestras espirituais, conseguiram algum entendimento dos princípios espirituais e vivem de acordo com estes princípios.

Há uma história sobre um asceta que transformou um pássaro em cinzas só por ter sido perturbado durante sua prática espiritual. O homem havia se submetido a muitas austeridades. Mesmo assim, bastou um instante para que sua raiva explodisse. Se você executar práticas espirituais sem ter qualquer entendimento da espiritualidade e sem ter absorvido os ensinamentos de uma grande alma, tudo o que conseguirá será arrogância e raiva.

Pergunta – Já rezei para a maioria das divindades que conheço. Já cultuei Shiva, Devi e outras mais, cantando muitos mantras diferentes. Mesmo assim, não sinto nenhum benefício com isso.

Amma – Uma pessoa estava com muita sede, mas não havia água. Alguém lhe disse: "Cave aqui e logo encontrará água." Ela cavou naquele lugar por algum tempo, mas nada encontrou; começou a cavar em outro local, mas tampouco achou água. Ela mudou para outro ponto, novamente sem sucesso. Cavou em muitos lugares diferentes, mas nada encontrou. Finalmente, sucumbiu ao cansaço. Alguém que passava por ali viu a pessoa deitada e perguntou-lhe o que havia acontecido. Ela respondeu: "Estou exausta de cavar por todo lado em busca de água. Agora estou sofrendo mais do que antes porque, no começo, eu só tinha sede, mas agora gastei toda minha força cavando e também fiquei exausta!" O transeunte disse: "Se você tivesse sido só um pouco mais paciente e tivesse continuado a cavar mais fundo em apenas um local, teria encontrado água suficiente logo no começo. Em vez disso, cavou pouco em muitos lugares e tudo o que obteve foi desapontamento!" Este é o resultado de se orar para deuses diferentes. Você não se beneficiará com isso. Somente se, quando rezar para eles, você pensar em todos os deuses como sendo um único e o mesmo Deus, então estará tudo bem. O problema está em mudar constantemente seu foco de atenção de um para o outro.

Um homem trouxe uma muda de mangueira que deveria dar frutos em três anos. Plantou-a e cultivou-a corretamente. Contudo, quando a árvore estava prestes a florir pela primeira vez, ele a arrancou do chão e plantou outra muda em seu lugar. Faltavam somente dois dias para completar os três anos! Ele não teve paciência de esperar, então como poderia conseguir frutos? Da mesma forma, você não teve paciência de esperar o tempo necessário, filha. Foi a muitos lugares diferentes, cantou vários mantras, meditou concentrada em diversas divindades e não conseguiu nenhum fruto. Também orou a Deus por prosperidade material e não porque estivesse desejosa de Deus. A devoção com a finalidade de sucesso material não é verdadeira. Filha, você meditou concentrada nos objetos que desejava, não em Deus. Por isso, vagou por tantos lugares. Você cantava um mantra, mas quando não obtinha resultado, trocava por outro. Quando este também falhava, continuava a mudar. O que conseguiu com tudo isso? Só perda de tempo! Filha, você queria somente o ouro do palácio do rei. Não amou o rei. Se o tivesse amado, teria recebido o ouro e o próprio rei. Se tivesse apenas amado a Deus, teria conseguido tudo. Mas você não amou a Deus, desejava somente o ouro. Se tivesse executado as práticas espirituais sem ter apego, se tivesse desistido de todos os desejos, entregando tudo à vontade divina, a esta altura, já seria a rainha dos três mundos. Contudo, você só desejou riquezas materiais. Por isso, ficou igual a Duryodhana, que só queria o reino e o poder sobre seus súditos. E o que ele ganhou? Ele e seus partidários perderam tudo. E os Pandavas? Eles viam o Senhor como seu único refúgio. Com essa atitude receberam o Senhor e também o reino! Quando você tem Deus, tudo virá para você. Entregue tudo de forma verdadeira. Realize sua prática espiritual com paciência. Assim, definitivamente obterá não somente o fruto, mas também as riquezas do mundo. Não há sentido em esperar resultados imediatos depois de repetir seu mantra por um curto espaço de tempo. É preciso ter paciência e uma atitude de entrega.

Pergunta – Amma, algumas pessoas dizem que é fraqueza chorar por Deus enquanto rezam ou cantam músicas devocionais. Elas perguntam: "Não dissipamos energia da mesma forma como quando falamos?"

Amma – Um ovo é destruído pelo calor do fogo, mas é chocado pelo calor da galinha. Embora estejamos falando de calor nos dois casos, os resultados são bem diferentes, não é mesmo? A conversa fútil drena nossas forças, enquanto cantar músicas devocionais e orar ajudam a concentrar nossas mentes, e assim ganhamos força. Como isso pode ser um sinal de fraqueza? À medida que uma vela queima, sua chama torna-se mais brilhante. Rezar e cantar com um coração enternecido nos levam ao estado da Suprema Verdade. Chorar por Deus não é uma fraqueza.

Pergunta – Amma, perdemos força através de nossos pensamentos?

Amma – Com pensamentos espirituais ganhamos poder e cultivamos uma mente forte. Deus representa todas as boas qualidades, como o auto-sacrifício, o amor e a compaixão. Quando pensamos em Deus, estas virtudes despertam, e nossas mentes se expandem, mas quando pensamos sobre coisas materiais, a mente fica imersa no materialismo e vaga entre objetos diferentes, um após o outro. Nossos sentidos reagem à nossa mente que divaga, as más qualidades se desenvolvem em nós e nossas mentes se contraem. Não conseguimos o que desejamos, nos enfraquecemos ainda mais e nos enfurecemos, perdendo nossa força.

Toda vez que um isqueiro é usado, perde um pouco de sua energia. Sempre que falamos sobre algo que alimenta nossos desejos materiais, nossa mente fica mais fraca e nossa energia se dissipa. Por outro lado, pensar e falar sobre assuntos espirituais é como carregar uma bateria. Portanto, em um caso perdemos energia, enquanto no outro, ganhamos.

Pergunta – Dizem que uma mulher não deve ir ao templo ou fazer *puja* durante seu período menstrual. É verdade? Deus não está em todo lugar? Certamente Deus não está confinado a um lugar em particular.

Amma – Deus é onipresente. Deus está em todo lugar sempre. Mas temos que considerar certas questões, como pureza e impureza. A pureza externa leva à pureza interna. Durante o período menstrual de uma mulher, sua mente não está calma. Seu corpo também se sente cansado, como quando está grávida. Por isso, ela deve descansar nesse período. Durante a menstruação, a mulher não costuma rezar ou fazer *puja* com a concentração necessária. Mas se ela tiver a força e a concentração necessárias, então poderá fazer *puja*.

Muitas mudanças acontecem no corpo de uma mulher durante a menstruação. Existem certos germes ruins no corpo durante esse período. Um dos filhos americanos da Amma se recusou a acreditar nisso. Mas, quando retornou para a América, ouviu falar de uma experiência científica. Várias mulheres colheram flores de uma mesma planta, algumas menstruadas e outras não. As flores colhidas pelas mulheres em seu período murcharam mais rápido do que as outras. Somente quando soube desta experiência, o filho acreditou no que a Amma dizia.

A Amma já encontrou muitas pessoas, e Ela fala a partir da experiência delas também. Hoje em dia, as pessoas acreditam em algo somente se lêem sobre isso nos jornais. Mesmo que alguém diga que viu um bebê cair na água, não acreditam. Dizem: "Vamos ver o jornal, só então acreditaremos."

É bom que uma mulher continue a cantar seu mantra durante o período menstrual, mas é melhor que ela faça isso sem ir ao templo. A Amma fala isso tendo em mente a pureza da atmosfera do templo. Quando uma pessoa visita um templo, não tem a mesma atitude que em um escritório ou restaurante. Todo o conceito do templo é diferente, e essa santidade deve ser preservada.

Deus é como o vento. O vento sopra igualmente sobre as flores e sobre o excremento. Para Deus, não existem diferenças como puro e impuro. Mas nós ainda devemos estar conscientes dessas diferenças, pois somente assim progrediremos.

Pergunta – Amma, por que as pessoas continuam sofrendo, mesmo depois de terem se refugiado em Deus? Por que Deus não pode satisfazer os desejos de todos?

Amma – Atualmente, a maioria das pessoas se refugia em Deus somente para conseguir que seus desejos sejam satisfeitos. Isso não é amor por Deus, apenas significa amor pelos objetos terrenos. Em razão dos seus desejos, que têm sua raiz no egoísmo, essas pessoas têm pouca compaixão. Como pode a graça de Deus entrar no coração de alguém que não sente compaixão pelos outros? Como poderá essa pessoa se livrar do seu sofrimento? Se você reza a Deus somente para ter seus desejos satisfeitos, não encontrará libertação do sofrimento. Se quiser que seu sofrimento termine, terá que pedir para que seus desejos terminem e que sua fé e amor em Deus cresçam. Assim, Deus satisfará todas as suas necessidades. Nosso amor não deve ser pelas coisas triviais no palácio do rei. Devemos amar o próprio rei. Tendo conquistado o rei, todos os tesouros do palácio serão nossos. Quando rezamos para Deus, não devemos pedir um emprego, uma casa ou um filho. Devemos rezar: "Deus, quero que sejais meu." Se tivermos Deus, se conseguirmos conquistar a graça divina, então todos os três mundos estarão aos nossos pés. Ganharemos o poder de governar esses mundos. Mas, para alcançar isto, nossos pensamentos, palavras e ações têm que ser bons.

Meus filhos, rezem apenas para Deus. Somente assim ficarão completamente satisfeitos. Tudo aquilo em que colocamos açúcar fica doce. Como Deus é bem-aventurança, nossa proximidade com Deus nos dá a bem-aventurança. Se você capturar a abelha rainha, todas as outras abelhas a seguirão. Refugie-se em Deus, e todos os ganhos espirituais e materiais serão seus.

A fé e a devoção daqueles que se dirigem a Deus com o intuito de ter os desejos satisfeitos só aumentam enquanto as vontades são atendidas. Quando não conseguem a satisfação dos seus desejos, perdem totalmente a fé. Como se pode atender aos desejos de todos? Um médico quer ter muitos pacientes e por isso reza todos os dias. Se não tivesse paciente algum, ele não perderia a fé? Enquanto isso, os pacientes rezam para ter saúde. A oração do coveiro é para que haja corpos todos os dias, e assim também é a do vendedor de caixões. E quanto aos outros? Rezam para não morrerem nunca! Como as orações de ambos os lados poderão ser satisfeitas? Um advogado ora para ter processos judiciais, enquanto todas as pessoas oram para não se envolverem com a justiça. Este mundo possui incontáveis contradições como essas. Seria difícil atender aos desejos de todos simultaneamente. E, ainda assim, não é tão difícil viver em paz e contentamento neste mundo de contradições. Temos que aprender os princípios da espiritualidade e viver de acordo com eles, só isso.

Plantar coqueiros não é difícil para quem estudou agricultura. Se as árvores forem infestadas por alguma doença, essa pessoa será capaz de reconhecê-la rapidamente e curar as plantas. Se estiver familiarizada com os princípios espirituais, a pessoa saberá avançar com firmeza pela vida e enfrentar as dificuldades.

Quando você compra uma máquina, recebe um manual de instruções. Se não conhece a máquina e começa a usá-la sem ler as instruções, ela quebra. Os *mahatmas* e os textos espirituais nos ensinam como viver de maneira apropriada neste mundo. Se seguirmos esses ensinamentos, nossas vidas serão satisfatórias. Se não, serão desperdiçadas.

Pergunta – Amma, dizemos que Deus é a fonte de toda compaixão. Por que então, Deus inflinge às pessoas doenças terríveis e as faz sofrer?

Amma – Deus não é a causa de nenhuma doença nem pune qualquer pessoa. O egoísmo das pessoas é que causa as doenças. Pense em quantos erros cometem por causa do egoísmo! Eles sofrem as conseqüências disso.

As pessoas criam um ambiente artificial para aumentar o conforto. Fertilizantes químicos são usados para aumentar a produção e produtos químicos são utilizados para conseguir frutos maiores e de crescimento mais rápido. As frutas não nos podem oferecer as qualidades naturais delas se as cultivamos por meios artificiais. Tratamos assim até mesmo os animais. As plantas e os animais sujeitos a substâncias químicas não são os únicos a sofrer esses efeitos. Os seres humanos que consomem essa comida contaminada também sofrem.

Os tóxicos também causam doenças. Tóxicos como o álcool e a maconha destroem certos elementos no espermatozóide do homem, deixando-o fraco. Muitas crianças nascidas desses espermatozóides não são saudáveis e têm deformidades. O meio-ambiente poluído atual é outra causa da falta de saúde. O ar e a água estão contaminados por poluentes tóxicos e esgoto. Respiramos esse ar poluído e bebemos água contaminada. Não há nada puro atualmente. E tudo isso foi causado pelo egoísmo dos seres humanos. Não é Deus quem causa muitas doenças, mas as ações erradas das pessoas, decorrentes do egoísmo e do comportamento antinatural delas. Não faz sentido culpar Deus por isto.

Por causa desse egoísmo sempre crescente, a humanidade está cavando o próprio túmulo. As pessoas estão fazendo um buraco bem debaixo delas e vão cair nele mesmo, mas não têm consciência disso. Aqueles que querem duas vezes mais de tudo, seja comida ou riquezas materiais, estão, na verdade, roubando o que deveria ser dos outros. Pessoas egoístas não experimentam paz alguma durante a vida nem depois que morrem. Estão no inferno enquanto vivem e estarão em um inferno ainda pior depois que morrerem[3].

A natureza perdeu o ritmo e a harmonia, invadida pelo hálito de seres humanos egoístas que perderam os sensos da verdade e da bondade. Atualmente quando chove, não há nada além de chuva, e quando faz sol, não há nada além da luz solar. A lavoura não tem funcionado da forma que deveria. É dever da humanidade proteger a natureza, mas quem se importa com isso hoje em dia? Nossa felicidade atual é o mesmo que cuspir para cima deitados. Se continuarmos a abandonar nosso *dharma* e a ferir a Mãe Natureza, as conseqüências serão dez vezes piores do que agora. Mesmo assim, as pessoas culparão Deus em vez de melhorarem a si mesmas!

Meus filhos, o conhecimento real é conhecer a mente, é conhecer o Eu Superior. Isso nos ensina como aplicar os princípios divinos em nossas vidas. Pouquíssimas pessoas tentam conquistar essa sabedoria hoje em dia. Ainda assim, é isso que precisamos aprender acima de tudo. Aprenda a caçar antes de ir à caça e você não desperdiçará suas flechas nem estará em perigo de se tornar vítima de animais selvagens. Se compreender como devemos viver, sua vida poderá ser realmente significativa.

Se você conhecer a rota antes de começar uma viagem, não se perderá, nem andará em círculos. Se traçar uma planta antes de começar a construir uma casa, ela será edificada da forma apropriada. Igualmente, a paz permeia a vida daqueles que conquistaram a real compreensão da mente. Mas as pessoas que são centradas em si mesmas não têm interesse nisso. Não se importam com o bem-estar do mundo. Tudo o que lhes interessa é a própria felicidade, e não experimentam nem mesmo isso.

---

[3] A Mãe não se refere ao inferno como um estado eterno de ser, mas a uma condição temporária na qual se deve sofrer e exaurir os frutos de suas ações negativas.

Meus filhos, amar realmente a Deus é ter compaixão pelos pobres e servi-los. O mundo todo se ajoelhará diante daqueles que viverem altruisticamente, que entregarem o egoísmo a Deus. Quando oramos, somente Deus deve estar presente em nossos corações. Não se deve permitir nenhum espaço para qualquer outra coisa. A Amma vê aqueles que rezam no templo e depois correm direto ao bar mais próximo para tomar uma bebida. Ela também observa aqueles que saem a todo momento para fumar quando vêm visitá-la, tais pessoas não conseguem abandonar nem mesmo pequenas coisas insignificantes como essas. Como, então, podem esperar alcançar Deus?

Pergunta – Pessoas diferentes têm conceitos diferentes sobre Deus. O que é Deus realmente?

Amma – Não é possível descrever a natureza de Deus ou seus atributos. Deus tem que ser "experienciado". Será que podemos transmitir com palavras o gosto do mel ou a beleza da natureza? Somente provando ou vendo podemos conhecer as qualidades dessas coisas. Deus está além das palavras, além de todas as limitações. Deus está em todo lugar e em todos. Deus está em tudo o que é sensível ou insensível. Não podemos dizer que Deus tem uma forma em particular, nem que Ele é exatamente isto ou aquilo. O que chamamos *Brahman* é o mesmo que Deus. *Brahman* permeia todo o espaço que possamos conceber e além.

Pergunta – Mas não é necessário ter algum conceito para pensar em Deus?

Amma – Deus está além de todos os atributos. Não se pode descrever Deus, mas, para ajudar nossas mentes a compreendê-Lo, dizemos que Ele tem certas qualidades. Essas qualidades estão refletidas nos *mahatmas* abnegados, tais como Sri Rama e Sri Krishna. As qualidades de Deus incluem a verdade, o *dharma*, o auto-sacrifício, o amor e a compaixão. Essas qualidades são Deus. Quando essas qualidades se desenvolvem dentro de nós, acabamos por conhecer a natureza de Deus. Mas essas qualidades só poderão se refletir em nós se deixarmos nosso ego de lado. Embora as frutas e as flores estejam contidas na semente, esta tem que ir para debaixo da terra e romper a casca (ego) antes que as frutas e as flores possam surgir. Quando a casca se rompe e o broto cresce, formando a árvore, todos se beneficiam. A árvore continua a nos dar sombra mesmo enquanto a estamos derrubando.

Quando sua renúncia for tal que seu coração se torne um espelho, você conhecerá a forma de Deus e experienciará Sua beleza. Os atributos divinos se refletirão, então, em você.

Pergunta – E o que me diz sobre a afirmação de que Deus é destituído de atributos?

Amma – Deus é sem atributos, mas as pessoas comuns necessitam de um *upadhi* (um meio, ferramenta ou símbolo) para alcançar Deus. Imagine que você esteja com sede e queira água. Precisará de um recipiente para armazená-la. Após ter bebido, poderá jogar fora o recipiente. É muito difícil compreender Deus como *nirguna* (sem atributos). Por isso, Ele assume a forma sob a qual o devoto O visualizou. O aspecto divino com atributos é mais fácil de absorvermos. Assim como a escada nos ajuda a escalar a árvore, o *upadhi* nos auxilia a atingir a meta.

Se uma pessoa não consegue subir na árvore, pode pegar mangas se tiver uma vara longa com um laço atado à ponta. Do mesmo modo, necessitamos de um instrumento para nos ajudar a manifestar nossas boas qualidades interiores. É por meio de tais instrumentos ou símbolos que o poder de Deus se manifesta. Na realidade, Deus é sem atributos. Suponha que você crie uma forma com chocolate. Existe agora uma forma para ser vista. Mas, quando exposta ao calor, ela se derreterá, e o chocolate não terá mais aquela forma.

Pergunta – Diz-se que Deus habita em nossos corações. É verdade?

Amma – Como podemos dizer que Deus, que é onipotente e onipresente, habita dentro de qualquer coisa em particular? Imagine se você tivesse que colocar uma grande bolsa dentro de um vidro pequeno. A maior parte da bolsa ficaria para fora do vidro, ocultando-o. Se você mergulhar uma jarra no rio, haverá água tanto dentro como fora. Da mesma maneira, Deus não pode ser confinado dentro de qualquer forma. Deus está além de todas as formas. Então, como é possível ter qualquer concepção real de Deus, que está além de todos os símbolos, além de todas as limitações? Para nossa própria conveniência, para nos ajudar a visualizar Deus, nos referimos a algo como a morada de Deus. Existem aqueles que acreditam que Deus reside no coração. Para estes, Deus está ali. Para pessoas que acreditam que Deus mora em um determinado edifício, Ele está ali. Tudo depende da imaginação de cada um. Quando Mira Bai recebeu veneno e o considerou como um *prasad* (presente dado por graça divina), ele deixou de ser venenoso. Prahlada via Deus em tudo, mesmo em uma pilastra ou galho de bambu. Aqueles que realmente entendem que Deus é onipresente, vão verdadeiramente experimentar Deus. Aqueles que não têm esta fé, nunca terão a realização de Deus.

Pergunta – Por que se diz que, dentre todos os seres viventes, Deus está refletido mais claramente nos humanos?

Amma – Somente os humanos têm o poder do discernimento. Quando uma mariposa vê o fogo, acha que é alimento, voa na direção dele e morre. Contudo, o ser humano usa o discernimento. Os humanos tomaram consciência da utilidade do fogo e aprenderam a cozinhar o alimento. Usaram-no para criar luz na escuridão. Para aqueles que têm o poder do discernimento, o fogo é útil. Para os outros, ele é perigoso. O fogo é útil para os humanos, mas é a morte para os insetos voadores. Portanto, existe um lado bom e outro ruim para tudo no universo. Aqueles que reconhecem o lado bom em tudo, verdadeiramente entendem o princípio de Deus. Tais seres só podem beneficiar o mundo.

Pergunta – Amma, o que significa *moksha* (liberação)?

Amma – *Moshka* é a bem-aventurança eterna e pode ser experimentada aqui na Terra. O céu e o inferno existem aqui. Se praticarmos somente boas ações, seremos felizes também após a morte. Aqueles que têm consciência do Eu Superior usufruem do estado de bem-aventurança em cada momento. Eles encontram esse estado dentro de si mesmos, experimentam-no em cada ação. São corajosos, fazem apenas o bem e não estão preocupados com vida ou morte. Não estão preocupados com qualquer sofrimento que possam ter ou com a possibilidade de serem feridos por quem quer que seja. Estejam onde estiverem, vivem de acordo com a verdade.

Se você colocar um renunciante na prisão, ele encontrará alegria mesmo encarcerado, pois vê Deus nas ações de cada um. A prisão não pode aprisioná-lo, ele nunca reclama de alguém. Vive cada momento na consciência do Eu Superior.

Enquanto o sapo for um girino, só poderá viver na água. Quando a cauda desaparece, o sapo pode viver tanto na água quanto na terra. Você não pode se libertar de *samsara* (ciclo de nascimento e morte) enquanto não perder sua cauda, isto é, o ego. Quando você perder essa cauda, estará em bem-aventurança quer fique em seu corpo ou deixe-o.

Uma bola de borracha flutuará se cair na água e tampouco terá problemas na terra. Não está presa a coisa alguma. A natureza daqueles que vivem em um estado de consciência do Eu Superior é especial. Dia e noite são o mesmo para eles. A bem-aventurança reside neles mesmos e não em objetos externos. A liberação consiste nessa atitude mental.

Se você nasceu em um corpo, está fadado a experimentar tanto alegrias como tristezas, pois esta é a natureza da vida. A felicidade e a tristeza se alternam de acordo com suas ações. O frio é a natureza da água, e o calor é a natureza do fogo. A natureza do rio é fluir. Ele não pára permanentemente em lugar algum. A felicidade e a tristeza são a natureza da vida. Quando entender isso, poderá aceitar com alegria tanto o prazer como a dor, quando surgirem em seu caminho. Aqueles que agem assim não são afetados por qualquer dos obstáculos que surgem nesse mundo. Estão sempre cheios de bem-aventurança. Isso é a liberação.

Dois viajantes passavam a noite em uma estalagem ao lado de um lago. Um deles achava insuportável ficar ali, por causa do barulho dos sapos e grilos. Ao ver o desconforto do outro, o companheiro disse: "Os sapos e os grilos fazem barulho à noite. É da natureza deles. Não podemos mudar essas tendências inatas. Então, por que se importar com isso? Vamos dormir!" Tendo dito isso, foi se deitar. Contudo, o outro homem não conseguiu pregar o olho. Deixou a estalagem e foi procurar um lugar mais silencioso. Mas não conseguia pegar no sono em lugar algum, pois onde quer que fosse, sempre havia algum tipo de barulho que o perturbava. O amigo, no entanto, ignorou o barulho, sabendo que o coaxar e o cricrilar eram da natureza dos sapos e dos grilos, por isso não teve problemas para dormir.

Da mesma maneira, quando aprendemos que os outros dizem o que faz parte da própria natureza deles, não há necessidade de ficarmos infelizes com isso. Se pudermos desenvolver essa atitude, estaremos aptos a superar quaisquer obstáculos com alegria.

Hoje, as pessoas não experimentam paz interior por causa dos conflitos em suas mentes. Para evitar tais conflitos, é preciso conquistar o conhecimento da mente, que é o conhecimento espiritual. Para aquele que estudou agricultura, não é difícil plantar e cultivar árvores e tratar de uma planta doente. Porém, se tentar plantá-las sem saber algo sobre o assunto, nove entre dez árvores morrerão. Do mesmo modo, se você entender o que é a vida, ela não será desperdiçada. Portanto, obtenha conhecimento espiritual. Depois disso, experimentará a liberação tanto aqui na Terra quanto depois da morte.

Se você conhece a estrada, não perde tempo. De outra forma, leva muito mais tempo para chegar ao seu destino. Se estiver perdido, vagando, não terá qualquer paz de espírito. Ficará sempre preocupado em saber se vai chegar ao destino ou não. É melhor viajar com pleno conhecimento do caminho, pois assim a jornada é calma e agradável.

Tempos atrás, a sabedoria espiritual era ensinada no *gurukula* juntamente com o conhecimento laico. Aqueles que recebiam treinamento espiritual não tinham conflito mental ou ausência de paz interior. Não tinham ganância e estavam livres de ilusões. Mas, hoje, a situação é bem diferente. As pessoas aprenderam como refrigerar as casas onde vivem, mas não sabem como "refrigerar" as próprias mentes. Não conseguem dormir mesmo em seus quartos com ar condicionado. Precisam de pílulas, álcool ou drogas para ajudá-las a esquecer os problemas. Quando você possui o conhecimento espiritual e a sabedoria, não há necessidade disso. Sua mente está em paz sempre, esteja em uma cabana ou em um palácio, porque aquela sabedoria é a verdadeira compreensão da mente.

Se você deseja experimentar a paz duradoura, tem que ter uma compreensão do que é eterno e do que é efêmero. Damos leite a um filhote de cobra mesmo que possa picar. Devemos nos lembrar de que estamos alimentando uma serpente e que ela poderá manifestar sua natureza a qualquer momento. Se entendermos

183

a real natureza das pessoas ao lidarmos com elas, não ficaremos desapontados. Ao lidarmos com o mundo, devemos estar conscientes da verdadeira natureza dele.

Um gerente de banco sabe que o dinheiro sob sua responsabilidade não é dele. Por isso, não se importa em dar centenas de milhares de rúpias para os outros. Ele sabe que seu dever é cuidar do dinheiro. Muitas pessoas chegam até ele para pedir empréstimos, oferecem-lhe todo tipo de coisa e agem de maneira gentil e polida, mas isso não é amor verdadeiro. Aquelas pessoas não são amigas dele. Ele sabe que não hesitariam em acusá-lo falsamente e em mandá-lo para a prisão, se isso fosse beneficiá-las. Essa é a natureza do amor das pessoas. Se demonstram qualquer amor, é somente visando a própria felicidade. Elas até destruiriam nossas vidas se lhes fosse vantajoso. Deus é a única família verdadeira que temos. O Eu Superior é nosso único amigo. Se alcançarmos essa verdade na vida, não teremos problema algum. Seremos capazes de percorrer o caminho da salvação. Sentir-se livre de todos os apegos, isso é a liberação. Portanto, realize todas as suas ações como seu dever, sem ter qualquer expectativa de liberação. Apenas mantenha sua mente em Deus.

Pergunta – Amma, o que é maia?

Amma – Qualquer coisa que não lhe dê paz duradoura é maia (ilusão). Nada do que percebemos através de nossos sentidos pode nos dar paz; só pode nos fazer sofrer. Na verdade, essas coisas são inexistentes, assim como os sonhos.

Um homem pobre ganhou na loteria. Com a ajuda da nova fortuna, casou-se com a bela princesa da terra e foi presenteado também com metade do reino. Um dia, a princesa e ele estavam cavalgando juntos em uma montanha quando, de repente, um vento muito forte derrubou os cavalos e os cavaleiros pela montanha abaixo. A princesa e os cavalos morreram, mas o homem conseguiu segurar-se em um galho de árvore e se salvou. O solo seguro estava bem abaixo dele. Fechou os olhos e pulou. Mas quando abriu os olhos novamente, não havia mais montanha, nem princesa, nem cavalos ou palácio! Havia apenas as paredes e o chão de terra de sua choupana. Ele estivera sem comer por dois dias, desmaiara de fome e exaustão e tinha adormecido. Então, ao acordar, percebeu que tudo o que vira não passara de um sonho. Ele não lamentou a perda da princesa ou do reino, porque sabia que tudo tinha sido apenas um sonho. Durante o sonho, tudo parecera real. Somente se você despertar do sonho em que se encontra agora, conhecerá a Realidade.

Quem vive perto de um campo de cremação não tem medo de morar ou andar por ali. Para essas pessoas, trata-se somente de um local em que os cadáveres são queimados. Mas quem não mora no local pode ficar com medo de atravessar o campo, achando que a região é assombrada. Se andarem por ali à noite e tropeçarem em uma pedra ou virem uma folha voando com o vento, tremerão de medo. Tudo o que virem se transformará em um fantasma. Se virem uma pilastra, a confundirão com um fantasma e desmaiarão. Da mesma forma, as pessoas se destroem em razão das projeções errôneas sobre cada objeto.

Uma pessoa caminhando em uma floresta habitada por cobras gritaria de medo se porventura fosse picada por um espinho. Pensaria ter sido mordida por uma serpente. Apresentaria os sintomas de picada de cobra até que um médico chegasse e explicasse que não havia cobra alguma. Muitas pessoas têm esse tipo de experiência. Perdem a força concentrando-se no que não existe. É assim que as pessoas vivem atualmente, em decorrência da incapacidade de enxergar a verdade.

Por essa razão, não devemos nos apegar às coisas materiais. Quem se apega a tais coisas experimenta apenas sofrimento. Por isso que tudo é conhecido como maia. Se virmos tudo como a essência da divindade, não teremos que sofrer. Haverá apenas felicidade.

Pergunta – Este mundo é maia?

Amma – Sim, o mundo é realmente uma ilusão. Quem está preso na ilusão enfrenta somente obstáculos e sofrimento. Quando você é capaz de distinguir entre o eterno e o efêmero, vê claramente que tudo não passa de ilusão. Dizemos que o universo é maia. Mas se escolhermos somente o que é positivo em nossas vidas, não ficaremos presos à ilusão. Isso nos ajudará a progredir no caminho certo.

Digamos que você esteja andando por um caminho lamacento entre dois campos de arroz; você escorrega, cai e fica coberto de lama. Para você, a lama é uma sujeira que você deseja limpar, mas, para um ceramista que passa pelo mesmo caminho, é algo útil. Para ele, aquela lama é um excelente tipo de argila, e passa a utilizá-la no trabalho. Para o ceramista, a lama não é suja.

Uma mulher que está colhendo lenha em uma floresta se depara com uma pedra. Achando que tem a forma certa, usa-a como pedra para moer. Outra pessoa especialista em rochas vê a mesma pedra e reconhece uma qualidade especial. Ele a coloca em um templo como uma imagem divina. Oferece frutas para a divindade e a adora. Mas para aqueles que não entendem essa grandeza, é apenas uma pedra.

Você pode cozinhar sua comida com fogo, mas também pode incendiar sua casa inteira com esse mesmo fogo. Pode costurar com uma agulha, mas também pode machucar seu dedo com ela. Para um médico, o estilete é um instrumento cirúrgico que serve para salvar um paciente, mas para o assassino, ele é uma arma letal. Portanto, mais do que rejeitar tudo como maia, é melhor considerar o lugar verdadeiro de cada objeto e usá-lo adequadamente.

O lado negativo das coisas deve ser rejeitado. Os grandes sábios só viam o bem em tudo no universo. Aqueles que têm plena consciência de maia não sucumbem a ela e protegem o mundo. Aqueles que não entendem maia, não só destroem a si mesmos como se tornam um peso para os outros. Cometem uma forma de suicídio. Se você passar pela vida aceitando apenas o lado bom de tudo, não verá o que quer que seja como ilusão. Tudo tem o potencial de nos levar ao bem.

Um cachorro vê o reflexo da Lua sobre a superfície de uma poça de água e late para ela. Ele não olha para cima para ver a verdadeira Lua. Uma criança pula dentro de um poço para pegar a Lua e morre afogada. O cão e a criança não estão conscientes da realidade. Tanto o eterno como o efêmero existem, mas temos que discernir um do outro. Qual a utilidade de se tentar pegar a sombra enquanto ignoramos a coisa real? A sombra, maia, permanece somente enquanto o "eu" (ego) permanecer. Quando não existe um "eu", não existe um universo, uma ilusão.

Achamos que a ilusão é real porque nosso conhecimento é incompleto. Não existe sombra ao meio-dia, quando o sol atinge o zênite. Ao alcançar o zênite do conhecimento (a iluminação), vemos apenas a Realidade.

Pergunta – Diz-se que nós sentimos que o universo existe só por causa de maia. Então, por que ele parece tão absolutamente real?

Amma – A criação existe somente quando há a noção do "eu". Sem essa noção, não existe criação, não existe qualquer ser vivo. Somente *Brahman* permanece para sempre *Brahman*.

Uma criança deseja tanto uma boneca, que chora durante muitas horas. Finalmente, consegue o brinquedo e brinca com ele por algum tempo, sem permitir que ninguém mais o toque. Vai

187

dormir agarrada com a boneca. Mas quando adormece, a boneca cai no chão, e a criança não tem consciência disso.

Um homem esconde o ouro sob o travesseiro e vai dormir com a cabeça sobre ele. Contudo, enquanto dorme, um ladrão chega e rouba tudo. Enquanto estava acordado, o homem não conseguia pensar em nada além do ouro e, por isso, não tinha paz. Mas durante o sono, esqueceu-se de tudo, não estava consciente de si mesmo, de sua família ou de suas posses. Havia somente a bem-aventurança. Esse sentimento que temos durante o sono é o que nos dá energia quando acordamos. Uma vez acordados, "minha boneca", "meu colar", e "minha família" voltam a imperar. Conforme o sentido do "eu" retorna, tudo o mais volta junto com ele.

Brahman existe como *Brahman*, sempre. Mas só vivenciaremos *Brahman* quando nossos pensamentos cessarem.

Pergunta – Amma, se todos levassem uma vida espiritual e se tornassem *sannyasins*, como o mundo sobreviveria? Qual é o benefício do *sannyasa*?

Amma – Nem todo mundo pode se tornar um *sannyasin*. Entre os milhões que tentam, somente alguns poucos são bem sucedidos. Mas só porque nem todo mundo pode ter um diploma de medicina ou conseguir uma posição elevada em uma empresa, não quer dizer que não se deva tentar.

A Amma não está dizendo que todos devem se tornar *sannyasins*, mas que, se você entender o princípio por trás de *sannyasa* e viver de acordo com ele, poderá evitar o sofrimento. Então, será capaz de superar qualquer obstáculo com desapego.

O que a Amma está dizendo é que devemos deixar de lado o sentido de "eu" e "meu". Devemos considerar a função em nossa vida de tudo aquilo que desejamos. Também devemos agir sem expectativa alguma dos frutos da ação, porque a expectativa é a causa do sofrimento.

Uma pessoa numa campanha para levantar fundos foi a uma casa receber uma contribuição. Esperava pelo menos mil rúpias, mas aquela família deu-lhe somente cinco! Ela ficou furiosa e recusou-se a aceitar a doação. Um ano depois, ainda estava zangada! Alimentava a raiva interior. Como não havia recebido o que esperava, não foi capaz de aceitar o que lhe era oferecido. Rejeitou a oferta porque estava desapontada. Se não tivesse alimentado a expectativa, não teria passado por toda aquela raiva e sofrimento. Teria ficado satisfeita com a quantia ofertada.

Podemos evitar esse tipo de sofrimento em nossa jornada pela vida se formos como os mendigos. Eles sabem que são mendigos, por isso não reclamam se não dão algo a eles. Não ficam tristes se não recebem esmolas em um lugar, porque sabem que talvez recebam no próximo. Sabem que receber muito ou ficar de mãos vazias fazem parte da experiência de vida deles. Então, não ficam zangados com ninguém. Quando você é um mendigo de verdade, vê tudo como a vontade de Deus. Que a sua ligação seja com Deus – isso é tudo o que a Amma está dizendo. Aqueles que são realmente espiritualizados não têm tristezas.

Hoje, as pessoas estão apegadas às coisas externas. "Esta é a 'minha' família" – é assim que passam pela vida e é pela família que trabalham noite e dia sem descanso. Contudo, esquecem-se de si mesmos, falham em descobrir seu *dharma* e em viver de acordo com ele. Esquecem-se de Deus. Quando você vive dessa forma, não encontra paz na vida, nem depois da morte. Isso não quer dizer que não devamos trabalhar. Devemos executar nossas ações, mas sem abrigar nenhuma expectativa ou desejo.

Não se encontra felicidade nas coisas externas. A felicidade existe dentro de nós mesmos.

Após comer uma grande quantidade de seu doce favorito, você não tem vontade de comer mais. Acabaria enjoando dele, se continuasse a comer. Se uma pessoa colocasse outro prato daquela iguaria em sua frente, você o recusaria. Se fosse realmente o doce que lhe tivesse gerado felicidade, haveria alguma razão para recusá-lo? Você não iria querer mais? Então a mente é que é a causa nesse caso. Quando a mente está saciada, começamos a desgostar do objeto. Tudo depende da mente. A felicidade não está em algum lugar no universo externo; está dentro de você. Portanto, procure por ela aí! Se procurar a felicidade fora, em seus relacionamentos com as pessoas e em objetos externos, sua vida passará em vão. Isto não quer dizer que deva ficar parado, sentado sem fazer nada. Sempre que possível, faça algo pelos outros. Sirva aqueles que estão passando necessidade. Repita um mantra. Viva sua vida dedicando-se a um objetivo espiritual.

Pergunta – Amma, como podemos eliminar as *vasanas* terrenas (tendências latentes)?

Amma – Não é possível eliminar uma *vasana,* assim como não é possível pegar uma bolha da água. Se você tenta pegá-las, estouram. As bolhas nascem com as ondas. Para evitar as bolhas, temos que estar atentos para que não surjam ondas. Através dos pensamentos positivos e da contemplação, reduzimos as ondulações que surgem em nossa mente a partir das *vasanas* do mundo. Não existe espaço para *vasanas* terrenas na mente aquietada pelos pensamentos positivos.

Pergunta – Diz-se que os objetos usufruídos pelos sentidos não podem nos trazer felicidade. Mas, ainda assim, é realmente dos objetos materiais que eu extraio a felicidade, não é mesmo?

Amma – A felicidade não vem de fora de você. Algumas pessoas adoram chocolate, contudo, não importa o quão delicioso seja, se comerem dez barras de uma vez, começarão a sentir aversão por chocolate. Quando estiverem na décima primeira barra, não terão a mesma satisfação que tiveram com a primeira. Algumas pessoas não gostam de chocolate de jeito nenhum. Só o cheiro já as deixa enjoadas. Contudo, o chocolate é sempre o mesmo, quer as pessoas gostem ou não. Se o chocolate em si realmente nos trouxesse felicidade, não ficaríamos igualmente felizes, independentemente do quanto comêssemos? E todos sem exceção não teriam felicidade com ele? Portanto, nossa satisfação não depende do chocolate em si, mas de nossas mentes. As pessoas acham que obtêm a felicidade no meio externo e passam toda a vida tentando adquirir esses objetos de desejos. Mas, no final, os sentidos morrem, tornamo-nos fracos e entramos em colapso.

A felicidade deve ser encontrada dentro de nós e não fora. Somente se contarmos com essa felicidade interior, poderemos usufruir sempre da bem-aventurança e satisfação. Tanto os objetos materiais quanto os sentidos que os percebem têm limitações. Isso não significa que o aspecto materialista da vida deva ser evitado, apenas que devemos entender o uso apropriado de cada objeto e dar-lhe a importância que ele merece na vida. Os pensamentos desnecessários e as expectativas são o problema.

Para a maioria das pessoas, nada é mais importante do que a própria felicidade; não amam outra pessoa se não for por isso. Um homem veio ver a Amma nos Estados Unidos. A esposa dele havia morrido pouco tempo antes, e ela era tudo na vida dele. Quando ela se ausentava, ele ficava acordado a noite inteira. Não comia se ela não comesse. Quando ela ia a algum lugar, ele esperava por ela. Ele adorava a mulher. Mas a vida deles juntos não durou muito tempo. Repentinamente, ela contraiu uma doença aparentemente sem importância e morreu em uma semana. O corpo foi levado para o velório, e muitos amigos e parentes foram vê-lo. O enterro só aconteceria depois que todos a tivessem visto.

Enquanto isso, o marido irritado, exclamava para si mesmo: "Oh, que isso termine logo!" Ele queria que a cerimônia acabasse para que pudesse comer. Esperou mais uma ou duas horas. Mesmo assim, não havia sinal de que o enterro fosse acontecer tão cedo. A essa altura, ele já estava tão faminto que foi a um restaurante próximo e pediu uma refeição. Ele mesmo contou isso para a Amma: "Mãe, eu estava disposto a sacrificar minha vida por minha esposa. Eu a amava tanto! Mas esqueci de tudo quando fui atacado pela fome!"

Isto aconteceu nos EUA. Agora, você não quer escutar algo que aconteceu na Índia? Essa história foi contada por uma mulher que veio ao *ashram*. O marido dela fora atingido por um carro enquanto andava de bicicleta. Esta mulher era a segunda esposa dele. A primeira morrera alguns anos antes, e ele tinha dois filhos crescidos, frutos do primeiro casamento. Quando a segunda mulher recebeu a notícia da morte do marido, a primeira coisa que fez não foi ir ver o corpo e trazê-lo para casa, mas correr para pegar a chave do cofre do marido. Quando encontrou a chave, algumas pessoas chegaram com o corpo. Os filhos da primeira mulher também vieram. Depois de saberem da morte dele, não foram imediatamente ver o corpo. Eles também correram para o lugar onde o pai mantinha a chave do cofre. Queriam achá-la antes da madrasta, porque temiam que ela lhes roubasse todos os bens paternos. Mas chegaram tarde demais. Ela já a havia encontrado e escondido. Aqueles filhos tinham sido criados com tanto amor. Onde estava esse amor agora? As mentes estavam somente no dinheiro. Meus filhos, assim é o mundo. As pessoas tendem a amar as outras apenas por motivos egoístas.

Alguns homens juram matar a esposa se ela falar com outro homem. Quando um pai está no leito de morte, os filhos mal podem esperar para dividir os bens dele. Em alguns casos, se um filho tem a receber uma boa herança, não hesitará em tirar a vida do pai. Isso é amor? A questão não é que devemos desistir e ficar parados, não fazer trabalho algum porque o mundo é do jeito que é. Mas nós não devemos ter nenhuma expectativa do tipo "minha mulher ou marido e meus filhos estarão comigo para sempre". Conheça seu *dharma* e lute para viver de acordo com ele. Aja sem expectativas. Não espere amor, fortuna, fama ou qualquer outra coisa. O objetivo de nossas ações deve ser a purificação de nosso ser interior. Esteja ligado somente ao que é espiritual, pois só assim experimentará a verdadeira felicidade. Se agir esperando algo dos outros, o sofrimento será seu único companheiro. Mas se viver em harmonia com os princípios espirituais, você estará no paraíso aqui na Terra e também quando morrer. Beneficiará a você mesmo e ao mundo.

Pergunta – O Eu Superior não tem forma. Como, então, podemos reconhecer a influência dele?

Amma – O ar não tem forma, mas se você o colocar em um balão, poderá brincar com ele, jogando-o daqui para lá. Da mesma maneira, o Eu Superior é sem forma e onipresente. Podemos entender essa influência com a ajuda de um *upadhi* (o meio pelo qual o Infinito se expressa no mundo manifestado).

Pergunta – É possível para uma pessoa estar sempre em um estado de não-dualidade? Não é somente em *samadhi* que isso se torna possível? A pessoa não retorna para o mundo da dualidade quando ela "desperta" do *samadhi*?

Amma – Do seu ponto de vista, a pessoa existe em um estado de dualidade, mas ela continua dentro daquela experiência direta e não-dualista da Realidade. Quando você mistura farinha de arroz com açúcar, não pode mais separá-los. De forma semelhante, quando alcança o estado de não-dualidade pela experiência direta você "é" Aquilo. Então, não existe dualidade em seu mundo; você vê tudo o que faz sob a luz de sua experiência não-dualista.

Um ser plenamente iluminado é como uma casca de limão ou uma corda queimada: parecem ter certa forma, mas esta desaparece assim que a tocamos. As ações de um ser iluminado parecem com as de uma pessoa comum, mas o ser iluminado habita o Eu Superior sempre. Ele é, em realidade, o Eu Superior.

Pergunta – A senhora poderia dar algum tipo de descrição da experiência não-dualista?

Amma – Está além das palavras. Não é possível saborear o açúcar e explicar precisamente como é doce. É indescritível. Quando você ingere o alimento, vê o benefício depois, não é mesmo? O benefício de dormir é a energia e a paz que você sente quando acorda. A profunda e inefável paz que se experimenta durante o *samadhi* permanece depois que se sai desse estado.

Pergunta – Algumas pessoas nascem ricas, crescem em meio à prosperidade. Outras nascem em casebres onde não têm nem o suficiente para uma refeição. Qual a razão dessa diferença?

Amma – Cada pessoa renasce de acordo com as ações em suas vidas anteriores. Algumas pessoas nascem sob o *Kesari Ioga*[4] e prosperarão em qualquer lugar. A Deusa da prosperidade habita nelas. De acordo com as ações das vidas pregressas, nasceram agora com essa divindade. Nas suas vidas anteriores, adoraram a Deus com concentração e foram generosas com os outros. Aqueles que executaram más ações são os que sofrem agora.

Pergunta – Mas não somos conscientes disso.

---

[4] Na Astrologia, *Kesari Yoga*, é uma configuração especial da Lua com Júpiter na hora do nascimento da pessoa, que indica um futuro próspero e muito auspicioso.

Amma – Você pode se lembrar de tudo o que fez quando criança? Durante os exames, os estudantes não esquecem às vezes do que estudaram no dia anterior? De forma semelhante, tudo foi esquecido. E, ainda assim, com o olho da sabedoria, podemos enxergar tudo.

Pergunta – Como podemos nos livrar do sofrimento?

Amma – Aqueles que verdadeiramente absorvem a espiritualidade e vivem de acordo com o *dharma* não experimentam sofrimento. Qual o sentido de sentar e chorar se sua mão se feriu? É preciso fazer um curativo. Se você apenas senta e chora, o ferimento poderá infeccionar e você poderá até morrer.

Suponha que alguém o agrida verbalmente, e você vá se sentar em um canto chorando. Ficou infeliz porque aceitou a ofensa. Se não aceitá-la, ela se tornará um problema daquela pessoa e não seu. Portanto, você tem que rejeitar aquela ofensa. Se agir com discernimento, conseguirá a libertação do sofrimento.

De novo: se sua mão se machuca, qual o sentido de parar e ficar analisando como aconteceu – que tipo de faca causou o acidente e assim por diante – e não cuidar da ferida?

Se uma pessoa picada por uma cobra venenosa simplesmente se sentar pensando sobre a cobra, a morte virá. Ou, digamos que alguém é picado, corre para casa, abre uma enciclopédia e tenta descobrir qual o remédio a ser tomado. Morrerá antes de descobrir que necessita de soro. Quando alguém é mordido por uma cobra, é necessário receber o soro o mais rápido possível.

Quando enfrentamos um sofrimento, devemos tentar superá--lo, em vez de nos enfraquecer pensando sobre ele. Certos sábios de antigamente aprenderam as verdades essenciais e as aplicaram na vida deles. Se prestarmos atenção nas palavras deles e vivermos de acordo com as orientações das escrituras, poderemos passar por qualquer situação sem vacilar. O conhecimento espiritual é muito mais essencial na vida do que o conhecimento terreno, pois ele nos ensina como viver nesse mundo. Enquanto não aplicarmos essa sabedoria em nossas vidas, estaremos indo na direção do inferno, tanto durante a vida quanto após a morte. Os *gurukulas* nos ensinam a sabedoria espiritual, como experienciar paz nesse mundo, como levar uma vida sem dificuldades. Os mestres espirituais são os médicos da mente.

Pergunta – Os médicos da mente não são os psiquiatras?

Amma – Eles tratam da mente só quando ela perde o equilíbrio. Um mestre espiritual nos ensina como viver para evitar que isso aconteça. É para isso que servem os *gurukulas*.

Pergunta – Diz-se que os desejos são a causa dos sofrimentos. Por meio de qual método podemos nos livrar dos nossos desejos?

Amma – Deixaríamos deliberadamente que uma pessoa que quisesse nos ferir morasse conosco? Gostaríamos de dormir perto de um louco perigoso? Não, porque sabemos que a mente do louco é instável, e ele poderia nos machucar. Da mesma forma, se criamos uma serpente, não importa o que lhe dermos para comer, ela inevitavelmente mostrará sua natureza. E ninguém manteria um cão raivoso dentro de casa. Se nosso cachorro estiver contaminado pela raiva, não hesitaremos em sacrificá-lo, por mais que ele nos seja querido. Procuramos evitar tais criaturas, pois sabemos que a associação com elas nos causa sofrimento.

Se estudarmos a natureza de tudo dessa forma e aceitarmos somente o que é benéfico, não teremos que experimentar sofrimento.

Os desejos nunca poderão nos levar à perfeição. Como não compreendem isso, as pessoas alimentam seus desejos negativos. Portanto, têm que enfrentar muitos problemas e assim levam os outros a sofrerem também. Você tomaria veneno deliberadamente?

Mesmo que estivesse com muita fome, se uma aranha venenosa caísse em sua comida, você não tocaria nela. Da mesma forma, quando compreender que seu desejo por objetos materiais causa sofrimento, sua mente não mais será atraída por eles. Assim, se viver com atenção, estará livre dos desejos. Isso é muito difícil, mas com atenção, discernimento, desapego, contemplação e prática será possível.

Pergunta – Dizem que existem muitos *mahatmas* dotados de poder divino na Índia atualmente. Acredita-se que nada é impossível para eles. Quando as pessoas sofrem dificuldades e morrem por causa de enchentes, secas e terremotos, por que os *mahatmas* não as salvam?

Amma – Meus filhos, no mundo de um *mahatma* não existe nascimento ou morte, felicidade ou tristeza. Se as pessoas sofrem, é por causa do *prarabdha* delas; estão experimentando o fruto do carma, que tem que ser exaurido. É verdade que a quantidade de *prarabdha* de uma pessoa pode ser reduzida pela graça de um *mahatma*, mas ela tem que estar pronta para receber essa graça. Os *mahatmas* existem, mas as pessoas não aproveitam as vantagens da presença deles da maneira que deveriam. Para que uma flecha possa atingir o alvo, é imprescindível puxar o arco antes de atirar. Os *mahatmas* nos mostram o caminho apropriado. Por que culpá-los, se não seguimos seus conselhos?

Tantas pessoas nascem neste planeta. Conseqüentemente, também têm que morrer, não é mesmo? Mas a morte existe para o corpo apenas, não para a alma. Viemos do pó e ao pó voltamos. A argila diz ao ceramista: "Você está fazendo potes comigo agora, mas amanhã, eu farei potes com você!" Todos recebem os frutos do carma.

Meus filhos, somente onde houver o sentido de "eu" poderá existir a morte. Aqueles que têm o sentido do "eu" vivem somente por alguns anos, mas existe um mundo além disso, onde há apenas bem-aventurança. Para alcançar esse mundo, é preciso fazer o melhor uso possível da vida que recebemos agora.

Para a maioria das pessoas, não é aconselhável ficar se preocupando com o conceito de que o mundo não é real. Elas devem se concentrar em desenvolver qualidades positivas por meio de boas ações. Então, alcançarão a abundância da bem-aventurança e permanecerão ali para sempre.

Pergunta – Por que Deus criou um planeta como este, com seres vivos?

Amma – Deus não criou ninguém. Isto é nossa criação.

Um vigia guardava um depósito de ouro e jóias, mas, durante a noite, ele acidentalmente adormeceu. Aproveitando a oportunidade, alguns ladrões roubaram tudo. O vigia descobriu o roubo no minuto em que acordou. No auge da ansiedade, gritou: "Oh, não! O que foi que eu fiz?! Vou perder meu emprego. Não vou poder sustentar meus filhos!" Contudo, nenhum desses pensamentos existia enquanto estava dormindo. Durante o sono, ele não tinha consciência do ouro, dos ladrões ou dos patrões. Somente ao acordar que tudo apareceu. Portanto, tudo era a própria criação dele.

A criação surgiu em razão de nossa ignorância. Se uma pessoa comete um erro, todos os outros têm que imitá-la? Se uma pessoa torna-se ladra, então todos têm que roubar? De qualquer forma, se você roubar, será punido.

Tentemos remover nossa ignorância o mais rápido possível. Esta vida humana é uma benção que recebemos para ser usada com esse propósito. Se uma planta de cardamomo cresce onde as sementes de gergelim foram plantadas, o que devemos plantar depois: gergelim ou cardamomo? O cardamomo é muito mais valioso do que o gergelim.

Portanto, pelo menos de agora em diante, deixemos um espaço em nossas mentes para o eterno Eu Superior. Assim, certas circunstâncias que nos ajudarão a conhecer o Eu Superior se farão presentes. Nós aproveitaremos a bem-aventurança e viveremos cheios de energia. De outra forma, insistindo em plantar somente as sementes mais baratas, permaneceremos para sempre em um estado de pobreza.

Pergunta – É certo as pessoas virem morar no *ashram*, sabendo que os pais um dia necessitarão de seus cuidados? Isso não é egoísmo? Quem cuidará deles na velhice?

Amma – Não existem muitas pessoas que não têm filhos? Quem cuida delas na velhice? É para cuidar de inúmeras pessoas que os rapazes e moças entram para o *ashram*. O que é egoísmo, sacrificar a vida pelos pais ou dedicar a vida ao cuidado do mundo todo? Um jovem talvez tenha que deixar a família e ir para outro estado para se formar em medicina. Quando retornar, será capaz de tomar conta de muitas pessoas. Mas e se ele decidir não ir para a faculdade de medicina, por achar que não deve deixar os pais? Ele não poderá auxiliá-los caso fiquem doentes. Se ele retornar com o diploma de medicina, ao menos será capaz de ajudá-los na hora da doença.

As pessoas vêm para o *ashram* para ganhar força por meio da prática espiritual para viver uma vida de serviço para o mundo. Mostram não só aos pais, mas ao mundo todo, o caminho certo. O caminho que mostram aos outros através do exemplo é o de total liberação do sofrimento. Entretanto, elas têm que controlar a mente para conseguir isso. Têm que se desligar de todos os apegos. Mais tarde, serão capazes de amar e servir a todos. Cada respiração delas será para o bem-estar do mundo todo.

Pergunta – Por que se diz que mesmo que algo seja verdade, não se deve dizê-lo se for causar sofrimento?

Amma – Existem dois assuntos sobre os quais se fala dentro da espiritualidade: verdade e segredo. Não existe qualquer coisa mais elevada do que a verdade. Ela não deve ser menosprezada em momento algum. Contudo, nem todas as verdades devem ser ditas abertamente para qualquer um. Você deve prestar atenção às circunstâncias e avaliar se é necessário revelar alguma coisa. Pode haver ocasiões em que algo deva ser mantido em segredo, mesmo que represente a verdade. Tome o exemplo de uma mulher que cometeu um erro em um momento de fraqueza. Se o mundo vier a tomar conhecimento disso, o futuro dela estará arruinado. A vida dela poderá correr perigo. Mas, se o erro for mantido em segredo, ela poderá evitar repeti-lo e ser capaz de levar uma vida positiva. Nesse caso, é melhor manter a verdade em segredo do que revelá-la. Dessa forma, será possível salvar a vida dessa pessoa e proteger a família dela. Mas deve-se pesar a situação com cuidado, antes que a decisão seja tomada.

No entanto, isso não deve encorajar qualquer pessoa a repetir um erro. O importante é que digamos o que beneficie a todos. Se tivermos algo a dizer que possa causar sofrimento a alguém, nós não devemos dizê-lo, mesmo que seja verdade.

A Amma vai lhes dar um exemplo. Uma criança morre em um acidente de carro a milhares de quilômetros sua residência. Será uma perda terrível para a mãe, pois era o único filho. Se alguém simplesmente telefonar para a mãe e disser que o filho dela está morto, ela poderá morrer com o choque e com o coração partido. Por isso, ela recebe a seguinte mensagem telefônica: "Seu filho se envolveu em um pequeno acidente e está em um hospital aqui. Por favor, venha rápido!" Embora não seja a verdade, isso permitirá que agüente a viagem de muitos quilômetros. Ela será poupada do intenso sofrimento, pelo menos durante aquele espaço de tempo. Quando chegar lá, descobrirá o que realmente aconteceu.

Ao se contar a verdade mais tarde, depois de ter sido avisada sobre o acidente e ter tido tempo para absorver a notícia, o choque poderá ser menor. Nesse caso, podemos estar salvando a vida da mulher, ao ocultarmos a verdade temporariamente. A criança já morreu de qualquer forma. Existe alguma razão para matar outra pessoa por causa de uma que já está morta? É desse tipo de situação que a Amma fala. A Amma não está querendo dizer que você deve contar mentiras. Um homem com um coração fraco contrai uma doença séria. Se ele souber disso de repente, poderá morrer de ataque cardíaco. Por isso, o médico não dá a notícia de uma vez. Ele diz: "Não é sério. Você só precisa descansar e tomar esse remédio." Essa não pode ser considerada uma mentira comum. O médico não disse isso para ter ganho pessoal. Está mantendo o fato em segredo por um tempo pelo bem-estar da outra pessoa.

A Amma lembrou-se de uma história. Um homem abastado vivia em uma vila. Costumava dar a maior parte dos lucros para os pobres. Muitas pessoas vinham até ele em busca de ajuda. Ele sabia bastante sobre questões espirituais e costumava dizer: "Não posso fazer práticas espirituais toda hora. Tenho pouco tempo para o *japa* (repetição de mantras) e meditação. Portanto, dou parte do meu lucro para os pobres, de forma que se beneficiem com isso. Servir os pobres é minha forma de adoração a Deus. Isso me dá a felicidade e satisfação, e o meu negócio prospera".

Em uma vila um pouco distante dali, vivia um homem humilde, que um dia foi pedir ajuda ao homem rico. A família do pobre homem passava fome há dias, e ele estava desesperado por qualquer ajuda que pudesse conseguir. No entanto, estava tão fraco por causa da fome que mal conseguia andar. Depois de percorrer certa distância, ficou tonto e desmaiou na estrada. Estava em um estado lastimável e pensou: "Oh, Deus! Eu saí com a esperança de conseguir ajuda e, olhe para mim agora, caído nessa via pública. Provavelmente vou acabar morrendo aqui!" Ele olhou para o lado e viu um córrego perto da estrada. De alguma forma, conseguiu se levantar e chegar até a água. Ele bebeu e notou que o líquido era excepcionalmente doce. Ele sorveu mais e sentiu-se refrescado. A água estava maravilhosa. Então, fez um recipiente com uma grande folha e ali guardou um pouco daquela água. Sentiu-se um pouco mais forte, e devagar retomou a viagem, carregando a folha com a água. Finalmente chegou à casa do homem rico, onde se juntou a uma fila de pessoas que tinham vindo receber os presentes ali oferecidos. A maioria tinha trazido algo para oferecer ao senhor rico como agradecimento. Nosso homem pensou: "Oh, não! Eu sou o único que não trouxe algo para oferecer. Não importa, vou dar-lhe esta água maravilhosa."

Quando chegou a vez dele, ofereceu o recipiente de folhas com a água para o homem rico, que bebeu uma boa parte e mostrou-se satisfeito, dizendo: "Oh, que delicioso! Como é abençoada esta água!" Isso deixou o pobre homem muito feliz. Os assistentes do homem rico quiseram provar um pouco também, mas ele não deixou. Pôs o líquido de lado e disse: "Isto é muito sagrado." Deu ao pobre homem tudo o que este precisava e o dispensou. Então, aqueles que estavam presentes perguntaram: "O senhor não demonstra hesitação alguma em dividir tudo o que tem com qualquer pessoa. Então, por que não nos deixou provar da água sagrada?" O homem rico respondeu: "Por favor, perdoem-me. Aquele humilde senhor estava exausto e bebeu uma água que encontrou em algum lugar pelo caminho. Por causa da exaustão, a água pareceu ter um gosto muito bom. Pensou haver algo de muito especial nela. Por isso, ele trouxe a água até aqui. Na verdade, não era apropriada para beber, mas quando a provei, se tivesse dito que era ruim na frente dele, aquele pobre homem teria se magoado. Assim, ele não ficaria realmente satisfeito com qualquer coisa que eu tivesse dado, porque ele já estaria muito infeliz. Elogiei a água na sua presença porque não queria magoá--lo."

Meus filhos, são essas as situações em que não devemos dizer a verdade, se for machucar alguém. Repito, não quer dizer que devamos dizer mentiras. Uma pessoa espiritualizada nunca deve dizer uma mentira em proveito próprio. Nossas palavras e ações não devem fazer pessoa alguma sofrer. Uma única coisa permanece sem nunca desaparecer e dá luz às nossas vidas – é o amor. Meus filhos, esse amor é Deus.

Pergunta – Se Deus e o guru estão dentro de nós, qual é a necessidade de um guru externo?

Amma – Uma imagem em potencial jaz adormecida em cada pedra. A imagem toma forma quando o escultor retira as partes indesejáveis. Da mesma forma, o mestre espiritual faz aparecer a verdadeira natureza do discípulo que, preso na ilusão, está em um estado de profundo esquecimento. Enquanto não formos capazes de despertar da ilusão sozinhos, um mestre externo será necessário. O mestre afastará nosso esquecimento.

Uma aluna estudou muito para uma aula, mas, quando o professor a chamou na classe, estava tão nervosa que teve um branco e não conseguiu se lembrar de coisa alguma. Sentado perto dela, um colega recordou-a do primeiro verso de um poema e, de repente, todo o texto voltou à memória dela. Ela o recitou impecavelmente. O conhecimento da verdade está adormecido dentro de nós. As palavras do mestre têm o poder de despertar esse conhecimento.

Quando você, como discípulo, faz práticas espirituais na proximidade de um mestre, aquilo que é irreal em você se dissolve, e o seu ser real começa a brilhar. Quando uma imagem coberta por cera é levada para perto do fogo, a cera derrete, e a imagem torna-se visível. Só porque alguns raros indivíduos que realizaram a verdade não tiveram um mestre espiritual, isso não quer dizer que ninguém necessite de um mestre. Deus e o mestre espiritual existem dentro de nós na forma de uma semente. É necessário um clima adequado para que a semente cresça e se torne uma árvore; ela não crescerá em qualquer lugar. Da mesma maneira, para que a Divindade inata brilhe dentro de nós, precisamos de um ambiente adequado. O mestre é aquele que cria esse ambiente.

As maçás crescem em abundância na Caxemira. O clima ali é particularmente favorável às macieiras. É possível plantar macieiras em Kerala, mas elas exigem um cultivo muito cuidadoso, e, mesmo assim, a maioria das mudas seca. Como o clima em Kerala não é adequado para as macieiras, as árvores que conseguem vingar quase não dão frutos. Assim como o clima na Caxemira é adequado para cultivar maçás, a presença de um mestre realizado ajuda o crescimento espiritual do discípulo. O mestre cria uma atmosfera adequada para o despertar do guru interior que está adormecido no discípulo, para que ele realize o verdadeiro Eu Superior.

Ser prático tem lugar na espiritualidade da mesma forma que nas coisas terrenas. Uma mãe segura a mamadeira para o bebê e o veste. Gradualmente, a criança aprende a fazer essas coisas por si mesma. Até que as pessoas aprendam a fazer as coisas por conta própria, necessitam da ajuda dos outros.

Mesmo com um mapa, os viajantes podem se perder e ficar vagando. Mas, se tiverem um guia, não se perderão. Se tiverem alguém que conheça o caminho, a jornada será fácil e agradável. Embora o Supremo Ser esteja dentro de nós, enquanto estivermos presos à consciência corporal, precisaremos de um mestre. Uma vez que o aspirante tenha deixado de lado a identificação com os instrumentos do corpo e da mente, não haverá mais necessidade de orientação externa, porque então Deus e o guru terão despertado internamente.

Um mestre espiritual é um *tapasvi* (alguém que se submeteu a severas austeridades). Se uma pessoa comum é como uma vela, aquele que pratica *tapas* (austeridades), em comparação, é como o Sol. Por mais que cavemos em certos lugares, não encontraremos água. Por outro lado, se cavarmos perto de um rio, conseguiremos água facilmente, sem ter que cavar muito fundo. A proximidade de um mestre verdadeiro torna mais fácil a tarefa para o discípulo. Ele poderá usufruir do fruto de suas práticas espirituais sem muito esforço. A intensidade de seu *prarabdha* (o fruto de ações passadas) e o esforço que precisa empregar também serão menores na presença do mestre.

A ciência moderna admite que, se fixarmos a mente em um ponto, poderemos acumular força mental. Se assim é, quanto poder não haverá em um iogue que passou anos praticando concentração através da meditação e de outras práticas espirituais! Essa é a lógica por trás da afirmação de que o simples toque de um iogue é suficiente para transmitir poder espiritual aos outros, como se fosse uma corrente elétrica. Um mestre perfeito é capaz não só de criar uma atmosfera ideal para o progresso espiritual do discípulo, como também de transmitir a ele o poder espiritual.

Somente uma pessoa que passou pelos diferentes estágios da prática espiritual pode guiar apropriadamente um aspirante.

Através da leitura, os estudantes podem dominar a teoria por conta própria, mas, para serem bem-sucedidos no exame prático, necessitam da ajuda de um professor. Embora possamos aprender, até certo ponto, a respeito de espiritualidade nos livros, para que sejamos capazes de trazer aqueles ensinamentos para a prática, temos que buscar a ajuda de um mestre vivo. Os aspirantes vão enfrentar inúmeros obstáculos e vão se deparar com muitos problemas no caminho espiritual. Se não lidarem com esses problemas de forma adequada, existe o risco de perderem o equilíbrio mental. Ao aconselhar um aspirante, deve-se levar em conta sua constituição física, mental e intelectual. Somente um verdadeiro mestre pode fazer isso.

Um tônico salutar serve para nutrir o corpo, mas, se consumido indiscriminadamente, poderá causar mais mal do que bem. O mesmo ocorre com a prática espiritual. Portanto, a orientação de um mestre espiritual é absolutamente essencial para o aspirante.

Pergunta – É possível alcançar a meta apenas pelo estudo dos textos espirituais, sem o auxílio dos *yamas* e *niyamas* (o que fazer e o que não fazer no caminho espiritual), da meditação, do serviço desinteressado etc.?

Amma – Estudando as escrituras, estaremos aptos a compreender nosso caminho para Deus e poderemos aprender os princípios pertinentes ao Eu Superior. Entretanto, apenas conhecer o caminho e os meios não nos levará até a meta. Para alcançar a meta, temos que percorrer o caminho que nos é indicado.

Digamos que uma pessoa precise de determinado objeto. Ela pergunta e descobre que ele está disponível em um lugar distante. Com um mapa, aprende o caminho e sua exata localização. Contudo, ela não conseguirá o objeto a menos que vá até lá e o pegue.

Ou digamos que alguém queira comprar um remédio. A farmácia fica do outro lado do lago. A pessoa pega um bote, mas, quando alcança a outra margem, recusa-se a desembarcar. Apenas fica sentada e não vai à farmácia comprar o remédio. Algumas pessoas são assim – não estão dispostas a deixar determinado ponto do caminho. Mesmo tendo chegado à outra margem, continuam atreladas ao barco. Agarrar-se cegamente ao caminho em vez de progredir nele somente causará apego.

Se quisermos atingir a meta, é nosso dever seguir o caminho prescrito pelas escrituras e executar as disciplinas e práticas espirituais requeridas. Não é suficiente estudar as escrituras. Também temos que cultivar a atitude de reverência para com tudo. A atitude egocêntrica é a que prevalece atualmente. Temos que aprender a nos curvar humildemente. Quando o grão cresce e se torna uma planta de arroz, esta automaticamente se curva. Esses exemplos nos ensinam que, quando desenvolvemos a sabedoria perfeita, naturalmente nos tornamos humildes.

O estudo das escrituras pode ser comparado à construção de um muro em volta de um pomar, enquanto realizar práticas espirituais é como plantar árvores frutíferas dentro daquele pomar. O muro oferece proteção para as árvores, mas, para conseguir as frutas propriamente ditas, temos que plantar as sementes e cultivá--las. A prática espiritual é absolutamente necessária.

O estudo das escrituras também pode ser comparado à construção de um muro protetor em volta do jardim. Desenvolver práticas espirituais é como construir uma casa no terreno dentro desses muros, uma casa que nos protege da chuva e do sol. Portanto, estudar as escrituras não é suficiente. É necessário também observar o que se pode e o que não se pode fazer no caminho espiritual, meditar, repetir o mantra e desenvolver outras práticas espirituais.

Uma vez que o amor supremo por Deus tenha despertado no aspirante, as várias restrições e observâncias não serão mais necessárias.

Diante do Divino Amor, todas as restrições e barreiras se dissolvem. Para o verdadeiro devoto que possui esse amor, só Deus existe. Em todo o universo, ele vê somente Deus. Assim como a mariposa voa atraída pelo fogo e se funde com as chamas, o devoto, no amor a Deus, se torna Deus em essência. O devoto, o universo em si, tudo isso é Deus. Quais regras e restrições poderiam se aplicar a uma alma assim?

Por meio da meditação, você pode ganhar imenso poder. Da mesma forma que toda água de um tanque pode fluir através de um só cano, o Supremo Poder flui através de um *tapasvi*. O sábio não se senta ali simplesmente alegando ser Brahman. Por causa de sua compaixão, o Poder que flui através dele ou dela beneficia o mundo todo.

Pergunta – Por que a Amma dá tanta importância ao serviço abnegado?

Amma – A meditação e o estudo das escrituras são dois lados da mesma moeda. O que está gravado na moeda é o serviço abnegado, e é isso que dá à moeda o verdadeiro valor.

Um aluno que acabou de se formar em medicina ainda não é competente o suficiente para tratar dos pacientes. O estudante primeiro tem que trabalhar como residente por determinado período de tempo. É a experiência adquirida durante a residência que confere ao médico recém-formado o conhecimento prático necessário que permite a aplicação do que estudou. Não é o bastante manter o material estudado apenas como conhecimento teórico, que alimenta o intelecto. Você tem que transformar o conhecimento em ação.

Por mais que você estude as escrituras, independentemente do nível espiritual que tenha, ainda terá que treinar sua mente para lidar com situações desafiantes. A melhor forma de fazer isso é através de *karma ioga*. É quando você vai para o mundo e trabalha em diferentes situações que você pode observar como sua mente reage às várias circunstâncias. Não podemos nos conhecer, a menos que sejamos forçados a encarar certas situações. Quando surgem as circunstâncias adequadas, as *vasanas* se mostram. Conforme observamos o aparecimento das *vasanas*, uma após a outra, podemos eliminá-las. O serviço desinteressado fortalece a mente de forma que possamos superar qualquer situação na vida. Nossa compaixão e nossos atos abnegados nos levam às verdades mais profundas. Por meio da ação altruísta podemos erradicar o ego que oculta o Eu Superior; a ação abnegada e sem apego leva à liberação. Essas ações não são simplesmente um trabalho, são *karma ioga*.

Krishna disse a Arjuna: "Em todos os três mundos, não há algo que Eu precise fazer, ou alcançar; ainda assim, estou sempre em ação." As ações de Krishna eram imparciais e desinteressadas. Esse é o caminho que Ele aconselhou Arjuna a seguir.

Um devoto precisava de uma pedra arredondada e macia para usar em um ritual religioso especial. Vagando em busca dessa pedra, ele escalou uma montanha na esperança de encontrá-la no topo. Finalmente, ao atingir o cume da montanha e descobrir com enorme desapontamento que não havia qualquer pedra bonita e macia, o devoto pegou uma pedra e atirou-a montanha abaixo. Após descer e chegar ao pé da montanha, descobriu ali no chão uma pedra redonda, bonita, suave, com uma forma perfeita – exatamente o tipo de rocha que havia desejado o tempo todo! O devoto percebe então que é a mesma pedra que havia arremessado do alto! Ao descer, ela havia batido contra outras pedras brutas e, no caminho, perdeu todas as arestas. Se a pedra tivesse ficado no topo da montanha, nunca teria sido polida e transformada.

Quando saímos do topo da montanha, isto é, do plano do ego, para o plano da humildade, as arestas duras e afiadas de nosso ego são removidas, e a mente assume uma atitude de devoção. Se insistirmos em cultivar o ego, não ganharemos coisa alguma. Sendo humildes, ganhamos tudo. Uma atitude abnegada e sem desejo nos ajuda a remover o ego. Por isso as ações sem motivação têm tanta importância.

Enquanto existir ego, será necessária a orientação de um mestre espiritual. Para um discípulo que vive segundo a vontade do mestre, cada ação é uma forma de remover as pontas afiadas do ego. Não há egoísmo no *satguru*. O mestre vive para o discípulo. O discípulo deve se refugiar completamente no mestre. Da mesma forma como o paciente se entrega sem resistir e permite ser operado pelo médico, o discípulo deve se entregar completamente à vontade do mestre.

A Amma não está querendo dizer que somente a ação nos levará à meta. *Karma* (a ação), *jnana* (o conhecimento) e *bhakti* (a devoção) são todos essenciais. Se as duas asas de um pássaro são a devoção e a ação, o conhecimento é sua cauda. Somente com a ajuda dos três, o pássaro pode voar às alturas.

Para poder enfrentar as diferentes situações da vida com presença de espírito e equilíbrio mental, devemos antes treinar a mente. O campo da ação oferece o terreno ideal para esse treinamento. O que o devoto faz quando a mente está voltada à meta não é simplesmente um trabalho, é *karma ioga* – prática espiritual. Para o aspirante espiritual, cada uma de suas ações é prática espiritual: como discípulo, é a forma de servir ao mestre (*guru seva*); como devoto, é a forma de adoração. O mestre não é uma pessoa – é uma encarnação de todas as qualidades divinas. O mestre é a Luz. É como o almíscar que, por um momento, tem forma e fragrância e, no momento seguinte, evapora-se. O mestre tem uma forma, mas mesmo assim, não a tem. O mestre está além de todas as formas e atributos. Vive para o discípulo, nunca para si mesmo. Cada ação realizada pelo discípulo com essa compreensão é *karma ioga* e leva à liberação. Servindo um mestre dessa forma, o discípulo atinge o estado da suprema consciência.

Pergunta – Qual é o requisito mais importante para progredir na vida espiritual?

Amma – Não é possível perceber toda a beleza e perfume de uma flor enquanto ela ainda é um botão. Primeiro, ela tem que desabrochar. Seria inútil tentar abri-la à força. Temos que esperar pacientemente para que o botão se abra por si só. Somente então poderemos perceber plenamente a beleza e fragrância dele. O necessário, aqui, é a paciência.

Em cada pedra existe uma imagem latente. Quando o escultor lapida, as partes indesejadas são retiradas, e a imagem surge. Aquela forma nasce porque a pedra se oferece ao artista e fica ali pacientemente imóvel diante dele por um longo tempo.

Uma pedra caída na base da montanha Sabarimala[5] reclamou com a imagem de Deus adorada no templo: "Você é uma pedra como eu e, mesmo assim, é adorada por todos, enquanto eu sou pisoteada. Que justiça é essa?" A imagem respondeu: "Agora você vê apenas pessoas me adorando, mas antes de chegar aqui, um escultor me talhou milhares de vezes. Durante todo esse tempo, permaneci paciente diante do artista, sem a menor resistência. Como resultado, aqui estou agora sendo adorada por milhões." A paciência da pedra a transformou em uma imagem de adoração.

Muitas pessoas conhecem a história de Kunti e Gandhari que ilustra o benefício da paciência e o mal provocado pela impaciência. Quando Kunti deu à luz um filho, Gandhari, que também estava grávida, ficou enraivecida, pois queria muito um filho e queria que nascesse primeiro para que se tornasse rei. Por causa de sua extrema impaciência, Gandhari bateu com tanta força no ventre que abortou uma massa de carne. Seguindo as orientações do sábio Vyasa, a massa foi cortada em uma centena de pedaços que foram colocados em cem urnas funerárias. De acordo com a história, após certo tempo, cem filhos nasceram daquelas urnas. Essa foi a origem dos Kauravas, que foram responsáveis pela destruição de milhões de pessoas. Gandhari não tinha paciência

---

[5] Uma montanha sagrada em Kerala, sobre a qual existe um templo sagrado.

e isso resultou em muito sofrimento e destruição. Por outro lado, aquilo que nasce da paciência se converte em vitória. A paciência é de importância vital no caminho espiritual. Devemos ter sempre a atitude de um iniciante, a atitude de uma criança inocente. Somente um iniciante tem a paciência e a atenção necessárias para aprender realmente. Existe uma criança em cada um de nós, que no momento está adormecida. Temos que despertar essa criança. A noção do "eu" que existe atualmente é uma criação do ego. Quando a criança adormecida dentro de nós despertar, nossa natureza inocente emergirá espontaneamente. Sentiremos uma vontade de aprender com tudo. A paciência, a consciência e a atenção surgirão no tempo apropriado. Portanto, quando a criança interior despertar, essas qualidades desabrocharão dentro de nós. O velho "eu", o "eu" criado pelo ego, não terá mais lugar. Se mantivermos sempre a atitude de um iniciante, cada situação será uma oportunidade para aprendermos. Tudo o que precisarmos virá até nós. Se pudermos manter essa atitude ao longo de toda a vida, não perderemos coisa alguma e teremos tudo.

Hoje, a maioria das pessoas só conhece o riso superficial mostrado pelos dentes. O verdadeiro sorriso vem do coração. Somente um coração inocente pode experimentar a verdadeira alegria e oferecê-la aos outros. Por isso, precisamos despertar o coração da criança inocente dentro de nós, alimentar e cuidar dessa criança. O provérbio que diz: "Se você se tornar um zero, será um herói", refere-se ao desaparecimento do "eu" nascido do ego.

Pergunta – Amma, a senhora parece dar mais importância à devoção do que a qualquer outro caminho. Por quê?

Amma – Filhos, quando vocês falam de "devoção", querem dizer simplesmente repetir um mantra e cantar músicas devocionais? A verdadeira devoção consiste em discernir entre o eterno e o transitório; é a entrega de si mesmo ao infinito. O que a Amma aconselha é o lado prático da devoção.

Os filhos que moram aqui (os *brahmacharins* e *brahmacharinis* que estão no *ashram* da Amma) lêem muitos livros espirituais e fazem muitas perguntas. A Amma costuma lhes responder de acordo com os princípios do vedanta, mas quando a Amma se dirige a um público mais amplo, dá mais importância à devoção, porque noventa por cento das pessoas não são intelectuais. Não aprenderam uma ciência espiritual antes de chegar aqui. Não é possível ensinar-lhes os princípios espirituais em um só dia ou durante um *darshan*. Portanto, é mais adequado dar-lhes conselhos que realmente possam usar em suas vidas. A Amma também lhes aconselha a lerem livros espirituais.

A *advaita* (não-dualidade) é a base de tudo. O que a Amma ensina é a devoção prática baseada na *advaita*. A maioria das pessoas que aqui vem não sabe nada sobre assuntos espirituais, apenas tem o costume de visitar templos. Somente cerca de dez por cento delas dá alguma importância ao conhecimento e à razão, e seguem esse caminho. No entanto, não podemos negligenciar as outras, pois também necessitam ser elevadas espiritualmente, não? Portanto, a Amma aconselha de acordo com o nível de cada pessoa.

As orações e canções devocionais no *ashram* não são simples orações, são práticas espirituais para despertar o verdadeiro Eu Superior dentro de nós. É um processo de sintonia da consciência individual com a Consciência Universal, de sintonia com o Ser Universal a partir do nível do corpo, mente e intelecto.

Não há necessidade de buscar um Deus sentado num trono, em algum lugar do céu. Deus é a Consciência Universal onipresente. Mesmo assim, aconselhamos as pessoas a meditarem concentradas em uma forma, porque um meio é necessário para manter a mente concentrada. Para construir uma laje de concreto, primeiro temos que fazer uma estrutura de madeira e nela despejamos o concreto. Quando o concreto seca, removemos a fôrma. Isso pode ser comparado com a adoração de uma imagem divina. A imagem é necessária no início, até que os princípios espirituais tenham sido totalmente assimilados. Quando a mente estiver firmemente estabelecida no Ser Universal, não haverá mais necessidade desses recursos.

Apenas aquele que é humilde poderá receber a graça de Deus. O ego não tem mais espaço naquele que percebe a presença de Deus em tudo. Portanto, a primeira qualidade que precisamos desenvolver é a humildade. Esse é o propósito das orações e cantos devocionais no *ashram*. Devemos ser humildes em cada olhar, palavra e ação.

Quando um carpinteiro pega um formão para começar o trabalho, ele o toca e faz uma reverência para invocar uma benção. Aquela ferramenta é só um instrumento que ele usa para o trabalho e, mesmo assim, ele o reverencia. Não podemos tocar o harmônio sem antes pegá-lo com respeito e reverenciá-lo. É parte de nossa cultura mostrar reverência a um objeto antes de usá-lo. Por que demonstramos tanto respeito aos objetos que utilizamos? Fazemos isso porque vemos Deus em tudo. Com essa prática, nossos ancestrais visavam o estado de ausência de ego. A oração é uma expressão de humildade, uma forma de eliminar o ego.

Algumas pessoas talvez indaguem se as orações não podem ser feitas em silêncio. Para alguns talvez seja necessário ler em silêncio, enquanto para outros a leitura em voz alta é mais eficiente. Algumas pessoas só conseguem entender o texto se o lerem em voz alta. Não podemos falar a uma pessoa que estuda em voz alta: "Não leia tão alto! Você tem que ler em silêncio, como eu!" Alguns conseguem obter maior concentração com a leitura em voz alta, enquanto outros preferem orar em silêncio. Da mesma forma, pessoas diferentes precisam de caminhos espirituais diferentes. Todos os caminhos levam à quietude final.

Muitas pessoas dizem: "Amma, quando medito com os olhos fechados, surgem pensamentos continuamente em minha mente, mas quando eu canto *bhajans* (canções devocionais) e oro, consigo uma concentração total." O propósito da prática espiritual é fazer a mente ficar concentrada em um só ponto. Quando seguimos o caminho do "*neti, neti*" (isto não, isto não), dizendo: "Não sou o corpo, nem a mente, nem o intelecto", estamos usando outro caminho para alcançar o Supremo Ser. A finalidade das orações e *bhajans* é a mesma.

Existe alguma religião que não dê importância à devoção e à oração? Ambas são encontradas no budismo, no cristianismo e no islamismo. A relação mestre–discípulo também existe em todas essas religiões. Esse tipo de relação pode ser encontrado até mesmo no caminho não-dualista. Mesmo nesse caminho há a dualidade na relação mestre–discípulo. A devoção pelo mestre não é a devoção propriamente dita?

Através de nossas orações procuramos desenvolver as qualidades divinas, tentando perceber o Absoluto. A oração não é uma forma de fraqueza, é um poderoso passo em direção a Deus.

Pergunta – A meditação pode ser prejudicial? Algumas pessoas dizem que experimentam uma sensação de calor na cabeça durante a meditação.

Amma – É sempre melhor aprender a meditar diretamente com um mestre. A meditação é como um tônico para a saúde. Um tônico vem com certas instruções; se você ignorá-las e beber o líquido todo de uma só vez, poderá ser prejudicial. Da mesma forma, você deve meditar de acordo com as instruções de um mestre espiritual. O mestre primeiro faz uma análise de sua disposição mental e física, antes de prescrever a forma de prática espiritual mais adequada a você. Algumas pessoas podem meditar durante muito tempo sem nenhum problema, mas nem todas. Algumas pessoas meditam por longo tempo, continuamente, em um surto de entusiasmo momentâneo, sem seguir quaisquer orientações ou regras. Nem sequer se preocupam em dormir. A prática delas não é baseada no entendimento dos textos espirituais ou nas instruções de um adepto. Elas simplesmente seguem uma onda de entusiasmo. Incapazes de dormir o suficiente, experimentam uma sensação de calor na cabeça. Isso acontece porque estão meditando mais do que o corpo pode tolerar. Cada pessoa tem uma determinada capacidade em função do estado de seu corpo e mente. Se quinhentas pessoas forem colocadas em um veículo onde só cabem cem, ele não poderá se mover apropriadamente. Se você colocar duas vezes mais grãos em uma pequena máquina de moer, o motor vai superaquecer e poderá até queimar. Da mesma forma se, movido por um impulso de entusiasmo inicial, você praticar o *japa* e a meditação por muitas horas, sem discernimento, sua cabeça poderá ficar quente e muitos outros problemas poderão aparecer. Por isso, é aconselhável executar as práticas sob a supervisão de um *satguru*.

Existem pessoas que dizem: "Tudo está dentro de mim. Eu sou Deus." Contudo, essas são somente palavras, que não advêm da experiência. A capacidade de cada instrumento é limitada. Uma lâmpada de 10 watts não pode fornecer a luz de uma de 100 watts. Um gerador produz energia, mas, se receber uma carga maior do que pode suportar, queimará. Existe um limite para a quantidade de prática espiritual que se pode executar, e ele depende das capacidades da mente e do corpo. Você tem que ser cuidadoso para não ultrapassar esse limite.

Se você compra um carro novo, no início não deve dirigi-lo muito rápido. Para que o motor dure mais tempo e funcione sem problemas, o carro deverá ser dirigido com cuidado. O mesmo acontece com o aspirante na prática espiritual. O *mantra japa* e a meditação não devem ser praticados em excesso, excluindo totalmente o sono. A meditação, o *japa*, o estudo das escrituras e o trabalho físico devem ser feitos de forma regular. Algumas pessoas são propensas a alucinações e ao desequilíbrio mental. Se meditarem demais, seus corpos ficarão superaquecidos e isso agravará sua condição mental. Essas pessoas devem se engajar principalmente em trabalhos físicos. Isso ajudará a diminuir o desequilíbrio mental. Enquanto essas pessoas estiverem envolvidas no trabalho, as mentes ficarão menos dispersas e poderão ser gradualmente controladas. Se for permitido a elas apenas sentar sem fazer qualquer trabalho físico, a situação só irá piorar. Essas pessoas podem meditar dez a quinze minutos por dia, se não estiverem sob nenhuma tensão. Isso será suficiente para elas.

Portanto, existem diferentes tipos de pessoas. Cada indivíduo tem que receber instruções diferentes. Se você aprender como desenvolver práticas espirituais como a meditação somente através dos livros, não saberá quais restrições são necessárias no seu caso específico, e isso poderá causar problemas.

Imagine que você está prestes a visitar uma casa que tem um cachorro agressivo no portão. Para não ser mordido, você chamará pelo dono, do lado de fora, e esperará até que ele venha prender o animal. Da mesma forma, pode ser perigoso simplesmente prosseguir com sua prática espiritual sem aceitar os conselhos de uma pessoa experiente e sábia.

O aspirante está em uma jornada em uma floresta cheia de perigos, inclusive animais selvagens ferozes. O viajante precisa do auxílio de um guia que conheça o caminho através da floresta. Não é melhor ter alguém conosco que nos diga: "Há um perigo logo ali. Cuidado! Não vá por ali! Em vez disso, siga por aquele caminho?"

É inútil culpar Deus quando sofremos as conseqüências por ignorarmos as sábias orientações que recebemos e fazermos só o que queremos. Quando culpamos Deus pelas conseqüências de nossa própria falta de atenção, somos um pouco parecidos com o bêbado que saiu para um passeio. Ele perdeu o controle do carro e bateu em outro. Quando a polícia prendeu o motorista bêbado, ele protestou, dizendo: "Senhor, não foi minha culpa meu carro ter batido nesse outro! Com certeza, toda a culpa é da gasolina, que faz com que o carro ande muito rápido." Estaremos fazendo o mesmo se culparmos Deus pelos perigos que enfrentamos em razão de nossa própria falta de precaução.

Cada coisa tem seu próprio *dharma* – seus próprios códigos, regras e natureza inerente – e devemos viver de acordo com esse *dharma*. A meditação também tem sua própria metodologia. Os mestres descreveram as regras e os métodos para cada tipo de prática espiritual. Um método apropriado de prática espiritual deve ser adotado após a consideração da disposição mental e física do aspirante. O mesmo método não é adequado para todos.

Qualquer um pode aprender a teoria ao ler um livro, mas, para ser bem sucedido nos testes práticos, precisará da assistência de um instrutor qualificado, porque sozinho é difícil dominar os aspectos práticos de um assunto. O aspirante, igualmente, precisa de um mestre competente, que possa guiá-lo no caminho espiritual.

Pergunta – Se a não-dualidade é a verdade final, qual é a necessidade do Devi Bhava?

Amma – A Amma não é confinada a nenhum *bhava* (estado ou atitude divinos). Ela está além de todos os *bhavas*. O *advaita* não é uma experiência? Onde não há dualidade, tudo é a essência do Eu Superior Absoluto – tudo é Deus. Essa é a mensagem que a Amma transmite através do *Devi Bhava*. Para a Amma não há distinções. Ela entende todos como o Eu Superior único. A Amma veio para o bem do mundo, sua vida é dedicada ao mundo. Independentemente do papel que interprete, o ator sabe quem realmente ele é. O papel não faz qualquer diferença para o ator. Da mesma forma, independentemente do papel que a Amma interprete, Ela conhece a Si mesma e não está limitada por coisa alguma. A Amma não assumiu esse papel por conta própria; Ela atendeu aos desejos dos devotos. Eles, então, se entregam a esse *bhava* e se regozijam com ele.

A Amma visita muitos lugares no Norte da Índia, e lá os devotos de Krishna costumam ir vê-la. Esses devotos colocam na cabeça da Amma uma coroa com penas de pavão, uma flauta entre suas mãos e vestem-na com seda amarela. Oferecem manteiga a ela e celebram o *arati*. Eles se encantam com isso, e a Amma aceita, porque os faz felizes. A Amma nunca lhes diria: "Sou uma seguidora do vedanta, então não posso aceitar isso!"

Deus é sem forma e sem atributos e, ao mesmo tempo, tem formas e atributos. Deus é a Consciência presente em todo lugar e em todas as coisas. Por causa disso, podemos contemplar Deus em qualquer *bhava*.

No início, a Amma não vestia qualquer roupa especial. Os devotos trouxeram essas roupas e adereços, um a um. Foi para a felicidade e satisfação deles que a Amma começou a usá-los, e dessa forma isso se tornou um ritual.

Em um templo, existe sempre uma imagem de uma divinda-de, mas as pessoas dão mais importância a ela durante o *deepa-aradhana*[6]. Nesse ritual, a imagem é vestida com roupas e orna-mentos especiais. Isso dá aos devotos mais alegria e concentração. Muitas pessoas vão aos templos diariamente, mas durante os dias de festival, a multidão é muito maior, e toda a cidade celebra.

---

[6] Literalmente, "adoração da lâmpada". Oferecer uma lamparina e depois ali queimar cânfora para a deidade, fazendo círculos diante da imagem.

Embora as pessoas venham aqui ver a Amma diariamente, o *Devi Bhava* é como um festival especial para elas.

A adoração no templo não é feita para a satisfação de Deus, mas para a felicidade e satisfação dos devotos. A Mãe usa todos esses trajes para a satisfação de seus filhos e, ao fazê-lo, a Mãe está removendo os "trajes" dos devotos. Está gradualmente elevando-os para a experiência da verdadeira natureza deles.

Atualmente todos no mundo vivem usando um traje. Têm diferentes estilos de cabelos, adotam marcas na testa e se vestem de acordo com modas diferentes. Não podemos separar o traje da vida, porque ele é parte integral dela. Cada tipo de vestimenta tem a própria relevância. As vestes de um monge, de um advogado e de um policial criam reações diferentes em nós.

Um homem estava cortando árvores ilegalmente na floresta. Um policial à paisana aproximou-se e tentou impedi-lo, mas o homem o ignorou. O policial partiu e voltou uniformizado. Ao avistar a autoridade, mesmo à distância, o homem saiu correndo, tal a importância da indumentária.

Em certa ocasião celebrou-se uma grande festa. Todos os convidados estavam usando roupas e jóias caras, mas um deles chegou usando roupas comuns. O porteiro se recusou a deixá-lo entrar. O homem foi para casa e voltou vestindo um terno formal. Dessa vez, a entrada foi permitida. Quando ele chegou à mesa de jantar, tirou o paletó e colocou-o na frente do prato, tirou o chapéu, colocando-o ao lado do prato e pôs a gravata em frente a uma xícara. Os outros convidados acharam que ele estava louco. O homem dirigiu-se aos convidados e disse: "Quando cheguei aqui com minhas roupas simples, não me deixaram entrar. Quando voltei com este paletó, imediatamente abriram as portas. Assim, presumo que não fui eu o convidado para esta festa, e sim minhas roupas."

Assim é o mundo atual. As pessoas depositam sua fé nas aparências externas e tentam atrair os outros com a indumentária. São raros aqueles que procuram a beleza interior. O propósito das vestes da Amma é de remover todas as formas de fantasias; é ajudar as pessoas a realizar a verdadeira natureza delas. Quando um espinho se aloja em seu pé, você o remove com outro espinho. Os seguidores do vedanta que falam sobre o *advaita* não andam por aí sem roupas. Eles se vestem, comem e dormem como qualquer um. Eles sabem que tudo isso é necessário para a existência do corpo e se vestem segundo os costumes da sociedade em que vivem.

Os *mahatmas* nascem de acordo com as necessidades da época. Sri Rama e Sri Krishna vieram em épocas diferentes. Tudo o que fizeram foi de acordo com as necessidades do tempo em que viviam. Não tem sentido querer que Krishna seja exatamente como Rama. Cada encarnação divina é única.

Um médico normalmente tem muitos pacientes e não receita o mesmo remédio para todos. Somente após avaliar a doença e a natureza do paciente, pode determinar o tipo de tratamento que será necessário para aquela pessoa. Para alguns, um medicamento oral é suficiente, enquanto outros precisam de injeções. No caminho espiritual, a necessidade de cada indivíduo varia. Temos que descer ao nível de cada pessoa que aqui vem para que possamos elevar o nível espiritual dela.

O mesmo tipo de bala é embalado com papéis de cores diferentes. Por fora, parecem diferentes, mas por dentro são as mesmas balas. Da mesma forma, a mesma Consciência habita em tudo. Não é possível ensinar esse princípio às pessoas sem primeiro descer ao nível delas. Ao invés de permanecer lá com elas, nosso objetivo é trazê-las para a consciência dessa unidade. É isso que Amma está fazendo.

Não se pode falar sobre *advaita* com todo mundo. Nem todos podem entender o conceito de Deus sem forma e sem atributo. Há alguns raros indivíduos que podem evoluir no caminho do *advaita* após terem ouvido explicações, pois nasceram com a disposição mental necessária a essa compreensão. A maioria das pessoas não consegue entender o *advaita* em toda sua profundidade.

Algumas pessoas gostam mais de Radha-Krishna (Krishna como o amado da *gopi* Radha), outras preferem Yashoda-Krishna (Krishna como o filho de Yashoda) e ainda outras adoram Murali--Krishna (Krishna como o tocador de flauta). Cada um tem a própria preferência, aquela que dá alegria. As pessoas também têm experiências pessoais diferentes com a Mãe. A Amma não diz que todos têm que encontrar alegria em um único aspecto.

A Mãe assume certos *bhavas* para descer ao nível das pessoas, para que se tornem conscientes da unidade latente que está além de todos os *bhavas*. Amma tem que agir de acordo com a natureza das pessoas. Seu objetivo é levá-las para a Verdade por meio de qualquer método. O único meio verdadeiramente racional é aquele que ajuda a elevar espiritualmente as pessoas. A Amma só se preocupa em elevar o nível de consciência das pessoas. Isso é tudo o que Ela quer. A Amma não precisa de qualquer certificado de aprovação do mundo.

Imagine que alguém esteja em uma varanda e perceba que em baixo há uma pessoa caída no chão, incapaz de se levantar. Ela não pode salvar aquela pessoa esticando a mão de onde está. Ela tem que descer, tomar-lhe as mãos e levantá-la. Da mesma forma, para elevar as pessoas espiritualmente, temos que descer até o nível delas.

Para alcançar a estrada principal, temos que seguir por certas vias secundárias. Uma vez lá, não faltarão ônibus expressos que nos levem diretamente ao nosso destino. Mas ainda precisamos chegar até a estrada principal de alguma forma e, para isso, talvez precisemos de uma bicicleta ou de um riquixá. Da mesma forma, temos que adotar meios diferentes para orientar as pessoas pelas ruas estreitas da escravidão a fim de ajudá-las a alcançar a estrada principal do vedanta.

Pergunta – Amma, é verdade que só poderemos usufruir da bem--aventurança espiritual se encararmos este mundo como irreal e renunciarmos a ele?

Amma – A Amma não diz que devemos preterir este mundo como totalmente irreal. O significado da palavra irreal usado aqui se refere a algo que está constantemente mudando. Se dependermos de tais coisas, se nos apegarmos a elas, teremos apenas sofrimento. É isso que Amma quer dizer. O corpo também muda. Não se sinta tão apegado ao corpo. Cada célula do corpo muda a todo instante. A própria vida passa por diferentes estágios – primeira infância, infância, adolescência, juventude, meia-idade e velhice. Não veja o corpo como real, devotando sua vida inteira a isso. Ao avançar na vida, tente entender a natureza das coisas. Assim, não terá que sofrer.

Imagine que você possui um valioso diamante. Poderia fazer uma bela jóia com ele. Se, em vez disso, você o comesse, provavelmente morreria. Existe um uso para tudo na vida. Se pudermos entender isso, não haverá razão para sofrermos. Por esse motivo, aconselha-se que as pessoas aprendam sobre a espiritualidade. Não é melhor aprender como evitar cair no abismo antes disso acontecer do que procurar uma solução depois da queda? A compreensão dos princípios espirituais é o tipo de conhecimento mais importante que podemos ter na vida.

Um cachorro está roendo um osso, gosta do sabor de sangue e continua a mastigá-lo. Só ao final, quando as gengivas começam a doer, é que ele se dá conta que estava saboreando o próprio sangue, vindo das gengivas dilaceradas. É assim nossa procura pela felicidade em coisas externas. Faz com que percamos nossa força. Na verdade, a felicidade não se encontra nos objetos externos, mas dentro de nós mesmos.Devemos levar nossas vidas com a compreensão desse princípio.

Pergunta – A maior parte das pessoas hoje está interessada somente em assuntos terrenos. Quase ninguém está interessado em olhar para dentro de si mesmo. Que mensagem a Amma tem para a sociedade?

Amma – Nossas vidas não devem ser como a do cachorro que late para o próprio reflexo no espelho, achando que é real. Em vez de perseguir sombras, deveríamos nos voltar para o interior. A Amma tem uma mensagem para transmitir, baseada em sua própria experiência, pois se encontrou com milhões de pessoas que estão vivendo tanto a vida espiritual quanto a terrena: você não experimentará paz nessa vida enquanto não renunciar ao fascínio excessivo pelo mundo exterior.

Pergunta – É possível experimentar a bem-aventurança espiritual enquanto vivemos no mundo?

Amma – Certamente. Essa bem-aventurança deve ser vivida enquanto ainda estamos no mundo – encarnados. Não é algo a ser alcançado após a morte.

Como a mente e o corpo, a espiritualidade e o mundo são partes integrais da vida e não podem existir separados um do outro. A espiritualidade é a ciência que nos ensina a viver com alegria no mundo.

Existem dois tipos de educação. Um vai permitir que você encontre um trabalho adequado. O outro, que é a espiritualidade, lhe mostrará como viver uma vida de paz e felicidade; é o conhecimento da mente.

Quando você viaja para um lugar que não conhece, não tem nada com que se preocupar, se estiver levando um mapa confiável. Se você usar os princípios da espiritualidade como guia e levar sua vida de acordo com eles, nunca será surpreendido por nenhuma crise. Saberá como prever e como lidar com qualquer situação. A espiritualidade é a ciência prática da vida. Ela nos ensina a natureza do mundo, como entender a vida e viver plenamente, da melhor maneira possível. Entramos na água para sairmos refrescados e limpos. Não temos a intenção de ficar na água para sempre. Da mesma maneira, viver uma vida de chefe de família é uma forma de remover os obstáculos no caminho para Deus. Quando resolvemos formar uma família, devemos estar conscientes do real propósito da vida e seguir em frente. Nossa vida não deve acabar onde nós começamos. Fomos feitos para nos liberar de todos os apegos e para chegar a Deus.

A atitude de "meu" é a causa de nossa escravidão. A vida familiar deveria ser encarada como uma oportunidade para nos livrar dessa atitude. Você diz: "Minha esposa ou marido, meus filhos, meus pais etc." Mas, eles são realmente seus? Se realmente lhe pertencessem, estariam com você para sempre. Somente quando vivemos com essa consciência podemos realmente despertar espiritualmente. Isso não quer dizer que devamos abandonar nossas responsabilidades. Devemos encarar como nosso dever e fazer com alegria tudo o que for necessário na vida, mas devemos ser cuidadosos para não nos apegarmos.

Existe uma diferença entre a atitude de alguém que está se apresentando para uma entrevista de emprego e alguém que está prestes a começar um emprego que acabou de conseguir. A pessoa que estiver a ponto de ser entrevistada estará preocupada com as perguntas que serão feitas a ela, se será capaz de respondê-las bem e, finalmente, se conseguirá o emprego. A mente do candidato estará tensa. Para a outra pessoa que está se apresentando para trabalhar, a situação é bem diferente, porque já foi escolhida para a posição e sentirá certa felicidade. Também experimentamos alegria em nossas vidas quando entendemos os princípios da espiritualidade, porque assim, como a pessoa que conseguiu o emprego, não temos mais qualquer razão para nos preocupar. Suponha que você precise de algum dinheiro e esteja pensando em pedir ajuda a uma amiga. Você sabe que ela poderá lhe dar o dinheiro, mas existe a possibilidade dela não fazê-lo. Se ela se sentir generosa e decidir ajudá-lo, você poderá receber mais do que esperava, mas ela também poderá dar-lhe as costas e ainda fingir que não o conhece. Se estiver consciente de todas essas possibilidades de antemão, não se sentirá surpreso ou desapontado, aconteça o que acontecer.

Um nadador profissional gosta de nadar nas ondas do mar. Por outro lado, a pessoa que não aprendeu a nadar, se afogaria nas mesmas ondas. Aqueles que entendem os princípios da espiritualidade apreciam cada momento da vida, encaram cada situação com um sorriso, nada os desequilibra. Veja a vida de Sri Krishna. Mesmo quando a família dele e os companheiros de clã, os Yadavas, estavam lutando entre si, o sorriso em Seus lábios nunca desvaneceu. Aquele sorriso não desvaneceu nem mesmo quando Krishna discutiu com os Kauravas em favor dos Pandavas. Quando serviu de cocheiro da carruagem de Arjuna no campo de batalha, um sorriso maravilhoso iluminava Seu rosto. Ele ostentava aquele mesmo sorriso quando Gandhari o amaldiçoou. A vida inteira de Krishna foi um grande sorriso. Se deixarmos a espiritualidade entrar em nossas vidas, conheceremos a verdadeira felicidade.

A vida deveria ser como uma viagem de lazer. Quando nos deparamos com uma linda vista, uma bela casa, ou uma flor no caminho, observamos com enlevo. Usufruímos dessas belezas, mas não permanecemos ali. Simplesmente continuamos a jornada. Quando é hora de retornar, não importa a beleza das coisas à nossa volta, nós as deixamos para trás e voltamos para casa, porque não existe nada mais importante para nós do que voltar para casa. Seja qual for a forma como vivemos nesse mundo, não devemos esquecer nossa verdadeira morada, para a qual devemos retornar. Não devemos nunca nos esquecer de nossa meta. Não importa quantas lindas paisagens encontremos em nossa jornada através da vida, existe somente um lugar que poderemos chamar de nosso, onde poderemos descansar, e que é nosso ponto de origem. Esse lugar é o Eu Superior.

Um pai tinha quatro filhos. Quando envelheceu, os filhos adultos o pressionaram para dividir a propriedade e dar uma parte a cada um, porque queriam construir casas separadas naquelas terras. "Nós vamos cuidar do senhor. Nós somos quatro, portanto poderá ficar com cada um de nós por três meses durante o ano. Será feliz assim." O pai ficou satisfeito com a sugestão, então a propriedade foi dividida. A casa da família e as terras foram entregues ao filho mais velho. Os outros três receberam partes da terra onde cada um construiu uma casa. Depois da divisão, o pai foi morar com o mais velho. Nos primeiros dias, foi tratado com muito carinho e respeito, mas o entusiasmo da família em cuidar do idoso logo começou a diminuir. À medida que os dias passavam, os semblantes do filho e da nora ficavam mais sérios. Foi difícil para o pai, mas ele procurou se forçar a ficar um mês, até que sentiu que os dois estavam prestes a expulsá-lo de casa. Assim, partiu e foi ficar com a filha. Esta e o marido também mostraram algum entusiasmo no início, mas logo mudaram, e ele foi forçado a sair de lá com apenas quinze dias de estadia. Foi para a casa do terceiro filho, mas acabou ficando por apenas dez dias, porque ele também realmente não o queria ali. Finalmente, foi viver com o filho mais novo. Depois de apenas cinco dias, ele descobriu que já estava prestes a expulsá-lo. Partiu e passou o resto da vida vagando, sem ter onde morar.

Quando o pai dividiu a propriedade entre os quatro filhos, esperava que cuidassem dele até o fim da vida. Mas isso era só um sonho. Menos de dois meses depois, ele havia sido abandonado por toda a família.

Temos que entender que, freqüentemente, o amor humano é assim. Se tivermos a expectativa que certas pessoas eventualmente cuidarão de nós, isso só nos levará ao sofrimento. Portanto, devemos cumprir nossos deveres com alegria, sem qualquer expectativa e, quando chegar o momento, devemos nos voltar para nosso verdadeiro caminho, a senda espiritual.

Não se trata de abandonar nossas responsabilidades. Temos que cumprir nosso *dharma*, que é, por exemplo, o dever dos pais de cuidar dos filhos. No entanto, uma vez que eles tenham crescido e possam cuidar de si mesmos, os pais não devem permanecer apegados aos filhos com a expectativa de que um dia receberão os cuidados deles. Devemos estar conscientes do verdadeiro objetivo da vida e continuar nossa jornada nessa direção. Não deveríamos nos concentrar somente em nossos filhos e netos.

O pássaro que pousa sobre um pequeno galho seco está sempre alerta, pronto para voar, porque sabe que o galho pode quebrar a qualquer momento. Da mesma forma, enquanto vivemos neste mundo, desenvolvendo várias ações, devemos estar sempre alertas, prontos para voar para o universo do Eu Superior, sabendo que nada aqui é eterno. Então, nada nos poderá atar ou nos tornar infelizes.

Pergunta – Amma, a senhora costuma dizer que se dermos um passo na direção de Deus, Ele dará cem passos em nossa direção. Isto significa que Deus está longe de nós?

Amma – Não. Significa que se você fizer um esforço para cultivar uma única qualidade boa, todas as outras boas qualidades se desenvolverão naturalmente em você.

Uma mulher ganhou um lindo lustre de cristal como primeiro prêmio em uma competição artística e pendurou-o na sala de visitas. Enquanto apreciava a beleza do lustre, reparou que um pouco da pintura da parede começara a descascar e decidiu pintar a parede toda. Quando terminou, olhou para a sala e viu que a cortina estava suja e, imediatamente, lavou-a. Em seguida, percebeu que o tapete no chão estava gasto e trocou-o por um novo. No final, o cômodo parecia novo. Tudo começou com ela pendurando o novo lustre e terminou com o quarto se tornando limpo e bonito. Da mesma forma, se você começar a fazer uma boa coisa na vida de forma regular, muitas coisas boas se seguirão naturalmente. Será como um renascimento. Deus é a fonte de todas as boas qualidades. Se nós assimilarmos qualquer uma delas, todas as outras virtudes se seguirão. Apenas dessa forma uma transformação é possível.

Freqüentemente, os estudantes recebem pontos extras que os ajudam a passar nas provas. Embora todos possam ganhá-los, somente os que garantem uma nota mínima podem recebê-los. Isso exige um esforço dos alunos. Deus está constantemente derramando Sua graça sobre nós, mas, para nos beneficiarmos dela, temos que nos esforçar também. Se nossas mentes não tiverem a receptividade necessária, então, mesmo que Deus derrame Sua graça sobre nós, de nada adiantará. Qual a utilidade em reclamar a falta da luz do Sol, se nós mesmos fechamos as portas e as janelas de nosso quarto? O Sol espalha a luz em todo lugar. Apenas precisamos abrir as portas e janelas para usufruirmos da luz dele. Do mesmo modo, a graça de Deus está sempre fluindo sobre nós, mas temos que abrir as portas de nossos corações para receber essa graça. Isto significa que, antes de podermos receber a graça de Deus, temos que ter a mente preparada. Deus é infinitamente misericordioso. É a nossa própria mente que não tem compaixão conosco e age como um obstáculo, impedindo-nos de receber a graça de Deus.

Se alguém nos estende a mão com um presente, e respondemos com arrogância, o mais provável é que a pessoa retire a mão e pense: "Que ego enorme! Acho que não vou dar meu presente para ela, afinal. Prefiro dá-lo para outra pessoa." Assim, não nos damos a graça necessária para receber o presente por causa de nosso próprio ego. Não conseguimos receber o que estava nos sendo oferecido, porque nossa própria mente não teve compaixão alguma por nós mesmos.

Em certas ocasiões, nosso intelecto analítico nos diz para fazer algo, mas nossa mente se recusa a concordar. O intelecto diz: "Seja humilde", enquanto a mente diz: "Não! Não vou me humilhar diante dessas pessoas!" O resultado disso é que muito do que poderíamos ganhar é perdido. O que poderíamos ter alcançado permanece fora de nosso alcance.

Para receber a graça de Deus, primeiro necessitamos da graça de nós mesmos. Por isso, Amma sempre diz: "Meus filhos, tenham sempre a atitude de um iniciante!" Essa atitude impedirá que o esporão do ego cresça.

Talvez você pergunte: "Se sempre permanecer um iniciante, isso significa que nunca progredirei?" De modo algum. Desenvolver a atitude de um iniciante significa permanecer totalmente aberto, atento e receptivo. Essa é a única forma de absorver verdadeiramente o conhecimento e a sabedoria.

Talvez você se pergunte como poderá atuar na sociedade e fazer seu trabalho, se for sempre inocente e ingênuo. No entanto, ser inocente e pueril não significa ser fraco –longe disso! Você tem que ser forte e decidido, se a situação assim exigir. No entanto, sempre que puder, mostre-se aberto e receptivo, como uma criança. Cada uma das coisas tem seu próprio *dharma*, e nós devemos agir de acordo com isso. Se uma vaca estiver comendo uma planta valiosa e pedirmos educadamente que se mova, dizendo "Minha querida vaca, você poderia sair daí?", é claro que ela não se mexerá. Por outro lado, se gritamos: "Ô, vaca! Sai!", ela sairá. Não podemos dizer que essa ação seja egoísta. É um papel que assumimos para corrigir a ignorância de um outro ser, e não há nada de errado com isso. Entretanto, devemos sempre ter a profunda atitude interior de um iniciante, mantendo a inocência de uma criança.

Hoje em dia, o corpo das pessoas cresce, mas a mente delas não é expansiva. Para que a mente se amplie e englobe todo o universo, primeiro é preciso se tornar uma criança. Só uma criança pode crescer. Mas as mentes de hoje estão cheias de egoísmo. Nosso esforço deve ser direcionado para a destruição do ego dentro de nós. Isso significa estar perfeitamente sintonizado com os outros.

Digamos que dois carros estejam se aproximando, frente a frente em uma estrada estreita. Se os dois motoristas se recusarem a ceder e a dar passagem, nenhum dos dois poderá seguir em frente. Mas se um deles estiver disposto a recuar um pouco, ambos poderão prosseguir. Nesse caso, tanto aquele que recua quanto aquele que recebe o gesto podem seguir adiante. É por isso que se diz que ceder é avançar. Eleva tanto a pessoa que cede como a que recebe a cortesia. Devemos olhar sempre o lado prático. O ego é sempre um obstáculo ao progresso.

Deus é sempre misericordioso. Ele nos concede Sua graça constantemente, mais do que merecemos por nossas ações. Deus não é só um juiz que nos recompensa por nossas boas ações e nos pune por nossos pecados. Deus é a própria compaixão, a fonte da graça infinita. Ele perdoa nossos erros e derrama Sua graça sobre nós. Mas Deus só pode nos salvar se houver pelo menos um pequeno esforço de nossa parte. Se não nos esforçarmos, não poderemos receber a graça que nos está sendo oferecida por Deus, que é o oceano de compaixão. Portanto, não podemos considerar coisa alguma como sendo uma falha de Deus; o erro é somente nosso.

Quando a princesa Rukmini estava prestes a ser dada em casamento, ela estendeu os braços para Sri Krishna, que então pôde erguê-la e levá-la embora em Sua carruagem[7]. Portanto, tem que existir algum tipo de busca ou esforço de nossa parte.

Em uma entrevista de emprego, alguns candidatos talvez não respondam bem a todas as perguntas, mas mesmo assim são contratados pela compaixão do entrevistador. Isso é a graça divina. Por outro lado, muitos candidatos não são selecionados, mesmo tendo respondido a todas as perguntas corretamente, tendo apresentado todas as qualificações necessárias e inúmeras referências. A graça divina que operou através do entrevistador não foi acessível para eles. Isso nos mostra que além de nos esforçarmos, a graça divina também é necessária. Essa graça depende de nossas ações anteriores, e nosso ego nos impede de recebê-la.

Não somos ilhas isoladas. Nossas vidas estão interconectadas como os elos de uma corrente. Somos parte da cadeia da vida. Quer tenhamos consciência disso ou não, cada uma de nossas ações tem um efeito sobre os outros.

Não é certo pensarmos que nos tornaremos bons somente quando todos os outros tiverem mudado. Devemos estar dispostos a mudar, mesmo se ninguém o fizer. Achar que iremos mudar

---

[7] A princesa Rukmini de Vidharba amava Krishna e queria que Ele fosse seu marido. Enviou um mensageiro até Krishna pedindo que Ele a reclamasse para Si no dia em que estava para ser dada em matrimônio ao rei Sisupala. Krishna veio à cerimônia e a raptou em Sua carruagem, lutando contra todos que tentaram impedi-Lo.

para melhor só depois que aqueles à nossa volta tiverem mudado é como esperar para entrar no mar só depois que todas as ondas se acalmarem. Ao invés de esperar que os outros melhorem, devemos nos esforçar para nos melhorarmos; assim começaremos a ver melhoras nos outros também. Quando cultivarmos somente a bondade em nós, veremos somente a bondade nos outros. Portanto, devemos ser cuidadosos com cada pensamento e ação. Nossas vidas devem ser plenas de compaixão. Devemos estar prontos a ajudar os pobres. Ninguém está livre de falhas. Sempre que virmos uma falha em alguém, devemos imediatamente olhar para nós mesmos e reconhecer que a falha pode ser encontrada dentro de nós.

Mesmo se alguém se zangar, devemos entender que é o *samskara* (a totalidade de impressões e de tendências profundamente arraigadas, adquiridas durante incontáveis vidas) dessa pessoa. Com isso, seremos capazes de perdoar a pessoa raivosa; teremos força para perdoar. Nossa atitude de perdão fará com que nossos pensamentos, palavras e ações sejam bons. Nossas boas ações atrairão a graça de Deus para nós. Assim como as boas ações trazem bons frutos, as ações negativas só poderão trazer resultados negativos. Ações negativas são a causa do sofrimento. Portanto, devemos sempre cuidar para que nossas ações sejam boas, e assim a divina graça fluirá sobre nós. Quando tivermos recebido essa graça, não teremos mais razão para reclamar que a vida é triste.

A vida é como um pêndulo de um relógio, movendo-se constantemente em direções opostas, da tristeza para a felicidade e vice-versa. Para sermos capazes de aceitar tanto a alegria quanto o sofrimento e para progredirmos espiritualmente, precisamos ter uma compreensão da espiritualidade. Dessa forma, poderemos facilmente superar as tendências que crescem em cada direção. Entenderemos a verdadeira natureza de tudo. A meditação é o método que usamos para isso.

Mesmo em uma pessoa má, existe a possibilidade inata de se tornar boa. Não existe qualquer ser humano que não possua ao menos uma qualidade divina. Com paciência, podemos despertar a divindade em uma pessoa. Devemos tentar cultivar essa atitude. Quando percebemos a bondade em tudo, somos preenchidos pela graça de Deus. Essa graça é a fonte de todo sucesso na vida. Se todos nós dermos as costas a uma pessoa, pensando só nos erros que tenha cometido, que futuro ela terá? Por outro lado, se enxergarmos o pouco de bom que ainda está ali e encorajarmos aquela pessoa a cultivar aquela qualidade, ela se elevará espiritualmente. Isso pode ter um efeito capaz de transformá-la em uma grande pessoa. Sri Rama teve a abertura para se prostrar diante da princesa Kaikeyi, responsável pelo banimento dele para a floresta. Cristo lavou os pés de Judas, mesmo sabendo que este estava prestes a traí-lo. Quando a mulher que jogou sujeira no profeta Maomé caiu doente, Maomé foi visitá-la e cuidou dela, sem que pedissem a ele. Esses são os exemplos mostrados pelas grandes almas. A forma mais fácil de experimentar a paz e a felicidade constantes na vida é seguir o caminho que elas nos mostraram.

A divindade está adormecida em todos. Ao tentarmos despertar a divindade nos outros, estamos, na realidade, despertando a divindade em nós mesmos.

Havia, certa vez, um mestre que queria mudar para certa vila. Enviou para lá dois discípulos para sondar como eram os habitantes da vila. Um dos discípulos que visitou o lugar, retornou e disse ao mestre: "Todos os habitantes daquela vila são as piores pessoas que se possa imaginar! São ladrões, assassinos e prostitutas! Em nenhum outro lugar o senhor encontrará almas tão malévolas."

Quando o segundo discípulo retornou, disse ao mestre: "As pessoas naquele vilarejo são muito boas. Nunca havia conhecido pessoas tão boas." O mestre pediu aos dois discípulos para que explicassem como poderiam ter opiniões tão contrastantes sobre o mesmo local. O primeiro discípulo disse: "Na primeira casa que entrei, fui cumprimentado por um assassino. Na segunda, morava um ladrão, e na terceira, vi uma prostituta. Senti-me tão desencorajado que nem quis seguir em frente. Rapidamente deixei o lugar e voltei para cá. Como posso dizer qualquer coisa boa sobre essa vila onde moram pessoas tão ruins?"

O mestre virou-se para o segundo discípulo e pediu a ele que descrevesse o que tinha visto. O discípulo relatou: "Fui às mesmas casas que ele. Na primeira, encontrei um ladrão, mas quando eu cheguei, ele estava dando comida aos pobres. Ele tem por hábito procurar pessoas famintas e dar comida a elas. Quando vi essa boa qualidade nele, fiquei muito feliz."

"Na segunda casa, morava um assassino. Quando me aproximei, ele estava do lado de fora cuidando de um pobre homem que jazia na estrada. Fiquei surpreso, pois, apesar de ser um assassino, ainda demonstrava certa compaixão. O coração dele ainda não endurecera completamente. Ao ver aquilo, senti muito amor por ele. Depois, fui até a terceira casa, que pertencia a uma prostituta. Havia quatro crianças na casa. Quando perguntei sobre elas, disseram-me que eram órfãos que a prostituta criava, pois os havia tomado sob sua responsabilidade. Ao descobrir tantas qualidades maravilhosas naquelas que eram consideradas as piores pessoas da vila, não consegui nem imaginar como seriam nobres os outros moradores! Visitando aquelas três casas, tive uma ótima impressão dos moradores da vila."

Dar as costas às pessoas, alegando que só existe maldade em todo lugar, é a forma de agir dos preguiçosos. Se, em vez de falar da maldade dos outros, fizéssemos todo o possível para despertar a bondade em nós mesmos, poderíamos dar luz aos outros. Essa é a forma mais fácil de melhorar a nós mesmos e também a sociedade. Em vez de culpar a escuridão ao seu redor, acenda a sua própria velinha. Não se desanime diante da idéia de tentar dispersar a escuridão do mundo com sua pequena luz interior. Se simplesmente acender sua vela e seguir em frente, ela brilhará a cada passo do seu caminho e beneficiará aqueles à sua volta. Portanto, meus filhos, vamos acender o pavio do amor dentro de nós e seguir adiante. Quando damos cada passo com pensamentos positivos e um sorriso, todas as qualidades boas vêem até nós e nos preenchem. Dessa forma, Deus não tem como ficar longe de nós. Ele nos tomará em Seus braços e nos protegerá. Em cada momento de nossas vidas, estaremos plenos de harmonia e paz.

Glossário

Advaita – Não-dualismo. A filosofia que ensina que a Suprema Realidade é o "Um sem o dois".

Ahimsa – Não-violência. Abster-se de machucar qualquer ser vivente por pensamentos, palavras ou ações.

Arati – O ritual em que se oferece luz na forma da cânfora que queima, enquanto um sino é tocado diante da divindade em um templo ou diante de uma pessoa santa, como uma consumação do *puja* (culto). A cânfora, quando queima, não deixa nenhum resíduo, simbolizando a total aniquilação do ego.

Ardhanarisvara – Uma divindade metade homem, metade mulher, que simboliza a união de Shiva e Shakti, o Deus e a Deusa.

Arjuna – O terceiro dos cinco irmãos Pandava. Um grande arqueiro, um dos heróis do *Mahabharata*, foi amigo e discípulo de Krishna. É com Arjuna que Krishna fala no diálogo do *Bhagavad Gita*.

Ashram – "Local dedicado ao esforço". Local onde aspirantes espirituais moram ou visitam para levar uma vida espiritual e desenvolver práticas espirituais. É, geralmente, a residência de um mestre espiritual, santo ou asceta, que orienta os aspirantes.

Asura – Espírito maléfico. Demônio.

Atman – O verdadeiro Eu Superior. A natureza essencial de nossa existência real. Um dos princípios fundamentais do *Sanatana Dharma* é que não somos o corpo físico, os sentimentos, o intelecto ou a personalidade. Somos o eterno, puro e imaculado Eu Superior.

Bhagavad Gita – "Canção do Senhor". *Bhagavad* = do Senhor; *Gita* = canção, especialmente no sentido de conselho. São os ensinamentos que Sri Krishna ministrou a Arjuna no campo de batalha de Kurukshetra, no início da guerra do *Mahabharata*. É um guia prático para a vida diária e contém a essência do vedanta.

Bhajan – Canto devocional.

Bhakti – Devoção e amor.

Bhava – Humores ou estados divinos.

Bhishma – O avô dos Pandavas e dos Kauravas. Embora tenha lutado ao lado do Kauravas durante a guerra do *Mahabharata*, era defensor do *dharma* e era defensor dos Pandavas vitoriosos. Depois do Sri Krishna, é o personagem mais importante do *Mahabharata*.

Brahma – O aspecto de Deus associado à criação.

Brahmacharin(i) – Discípulo (a) celibatário (a) que pratica disciplinas espirituais e que, normalmente, está sendo treinado(a) por um mestre espiritual.

Brahmacharya – "Movendo em Brahman". Celibato e disciplina da mente e dos sentidos.

Brahman – A Realidade Absoluta, o Supremo Ser, o Todo, Aquilo que a tudo engloba e atravessa e que é uno e indivisível.

Darshan – Uma audiência ou visão do Divino ou de uma pessoa santa.

Deva – Ser celestial.

Devi Bhava – "O Divino estado de Devi". O estado no qual Amma revela sua unidade e identidade com a Divina Mãe.

Dharma – Em sânscrito, *dharma* significa "aquilo que sustenta (a criação)". Mais comumente, é usado para indicar aquilo que é responsável pela harmonia do universo. *Dharma* tem muitos significados, incluindo: lei divina, lei da existência, retidão, religião, dever, responsabilidade, virtude, justiça, bondade e verdade.

Dharma representa os princípios internos da religião. Uma definição comum de *dharma* é aquilo que leva à elevação espiritual e ao bem-estar geral de todos os seres da criação. O oposto de *dharma* é *adharma*.

Dipa Aradhana – Adoração com uma lamparina. Oferenda de luz à divindade, na qual são feitos movimentos circulares com a chama, onde se queima cânfora, em frente à imagem da divindade adorada.

Gopi – As *gopis* eram vaqueiras e leiteiras que viviam em Vrindavan. Devotas mais próximas de Krishna, eram conhecidas por sua suprema devoção ao Senhor. Exemplificam o amor mais intenso por Deus.

Grihasthashrama – Uma vida familiar espiritualmente orientada. Este é tradicionalmente o segundo estágio da vida. Os estágios são: *Brahmacharya* (período de educação), *Grihasthashrama* (período da vida de casado com família), *Vanaprastha* (período da renúncia às responsabilidades e da dedicação completa à prática espiritual) e *Sannyasa* (renúncia a todos os apegos ao mundo).

Grihasthashrami – Alguém dedicado a viver uma vida espiritual ao mesmo tempo em que cumpre suas responsabilidades como chefe de família.

Guna – Qualidades fundamentais ou tendências que existem em todas as manifestações. A natureza primordial (*prakriti*) consiste de três *gunas*: *sattva* (bondade, pureza, serenidade), *rajas* (atividade, paixão) e *tamas* (escuridão, inércia, ignorância). O mundo fenomênico é composto por diferentes combinações das 3 *gunas*.

Guru – "Aquele que remove a escuridão da ignorância". Mestre ou guia espiritual.

Gurukula – Um *gurukula* é tradicionalmente um *ashram* onde os discípulos vivem e estudam guiados por um mestre espiritual.

Iogue – Aquele que está estabelecido na prática do ioga ou está estabelecido na União com o Ser Supremo.

Japa – Repetição de um mantra, oração ou de um dos Nomes de Deus.

Jivatman – A alma individual.

Jnana – Conhecimento e sabedoria espirituais. Conhecimento da verdadeira natureza do mundo e de sua realidade subjacente. É uma experiência direta, além de qualquer percepção possível pela mente, intelecto ou sentidos. É conseguido através da prática espiritual e da graça de Deus ou do guru.

Kali – "A Escura". Destruidora de *kala* (tempo). Um dos aspectos da Divina Mãe. Do ponto de vista do ego, pode parecer assustadora, porque o destrói. No entanto, faz isso e nos transforma por sua compaixão infinita. O devoto sabe que, por trás de sua ameaçadora aparência, está a Divina Mãe, que protege Seus filhos e concede Liberação.

Karma – Ação, empreendimento.

Karma Ioga – "União através da ação". O caminho espiritual do serviço desinteressado e altruísta, no qual a ação e seus frutos são dedicados a Deus.

Kauravas – Os cem filhos de Dritharashtra e Gandhari, dos quais o iníquo Duryodhana era o mais velho. Os Kauravas eram inimigos dos primos, os virtuosos Pandavas, contra quem lutaram na guerra do *Mahabharata*.

Krishna – A principal encarnação de Vishnu. Nasceu em uma família real, mas cresceu junto aos pais adotivos e viveu como um jovem vaqueiro em Vrindavan, onde era amado e adorado por seus companheiros devotos, as *gopis* e os *gopas* (as vaqueiras e os vaqueiros). Mais tarde, Krishna se tornou governador de Dwaraka. Era amigo e conselheiro de seus primos, os Pandavas, especialmente de Arjuna, a quem revelou seus ensinamentos que podem ser encontrados no *Bhagavad Gita*.

Kshatriya – A casta dos guerreiros.

Mahabharata – Um dos dois grandes épicos (*Itihasa*) históricos da Índia; o outro é o *Ramayana*. É um grande tratado sobre *dharma* e espiritualidade. A história relata principalmente o conflito dos Pandavas com os Kauravas e a grande guerra de *Kurukshetra*. O *Mahabharata*, que é o mais longo poema épico do mundo, foi escrito por volta de 3200 a.C. pelo sábio Vyasa.

Mahatma – Grande alma.

Mantra – Fórmula sagrada ou oração cuja repetição gera pureza e poder espiritual. É mais eficiente se recebido de um mestre espiritual pela iniciação.

Manu – Considerado o pai da raça humana e soberano da Terra. Existem quatorze sucessivos *Manus* descritos nas escrituras. O *Manusmriti*, código de leis de acordo com *Manu*, é atribuído a *Svayaambhuva Manu*, o primeiro dos quatorze *Manus*. A declaração com relação à proteção das mulheres no texto pertence ao *Manusmriti*.

Maia – "Ilusão". O poder divino ou véu que oculta a realidade e dá a impressão de pluralidade, criando assim a ilusão de separação. Quando maia esconde a realidade, nos ilude, fazendo-nos acreditar que a perfeição e a união serão encontrados fora de nós.

Moksha – Liberação.

Nirguna – Sem atributos.

Pada Puja – A adoração dos pés de Deus, do guru ou de um santo. Como os pés carregam o corpo, o princípio do guru carrega a Verdade Suprema. Os pés do guru, portanto, representam a Verdade Suprema.

Pandavas – Os cinco irmãos, Yudhisthira, Bhishma, Arjuna, Nakula e Sahadeva; eram os filhos do rei Pandu e os heróis do épico Mahabharata.

Parabhakti – A mais elevada forma de devoção, destituída de todos os desejos, na qual o devoto experimenta sua unidade com a Divindade Amada que a tudo permeia.

Paramatman – O Supremo Ser, Brahman.

Prarabdha – "Responsabilidades, cargas". Os frutos de ações passadas, desta ou de outras vidas, que se manifestar nessa vida.

Prasad – Oferenda (geralmente alimento) dedicada a uma divindade ou santo e distribuída como bênçãos entre os devotos após o culto.

Puja – Adoração ritualística ou cerimonial.

Purana – Há 18 *Puranas* principais e 18 *Puranas* secundários. Esses textos antigos contêm histórias sobre os Deuses e suas encarnações.

Purna – Pleno, completo, perfeito, inteiro.

Purnavatar – Uma descida à Terra do Deus imutável, sem nome e sem forma, que assume uma forma humana. A intenção de uma encarnação divina é restaurar e preservar o *dharma*, além de elevar a humanidade ao fazê-la tomar consciência da existência do Ser Superior.

Raga – Estrutura melódica da música tradicional indiana.

Rama – "Senhor do Universo". O herói divino no épico *Ramayana*. Era uma encarnação do Senhor Vishnu, e é considerado o ideal do *dharma* e da virtude.

Ramayana – "A Vida de Rama". Um dos grandes poemas épicos da Índia, descrevendo a vida de Rama, escrito por *Valmiki*. Grande parte do épico conta como Sita, esposa de Rama, foi raptada e levada para o Sri Lanka por *Ravana,* o rei-demônio, e como ela foi resgatada por Rama e seus devotos.

Rasa-Lila – "Brincadeira enlevada". Refere-se à dança entre Krishna e as *gopis* em Vrindavan, quando Ele apareceu para cada uma delas individualmente e dançou com todas simultaneamente.

Ravana – O rei-demônio do Sri Lanka, vilão do *Ramayana*. Raptou Sita, a esposa divina de Rama.

Rishi – Saber. Vidente Auto-Realizado; normalmente se refere aos sete *rishis* da Índia antiga – almas realizadas que podiam "ver" a Suprema Verdade e expressaram esta visão interna através da composição dos Vedas.

Samadhi – Unidade com Deus; um estado de concentração no qual todos os pensamentos cessam. A mente entra em um estado de completa quietude em que somente a Consciência Pura permanece, e a pessoa reside no *Atman* (Eu Superior).

Samsara – O ciclo de nascimento, morte e renascimento; o universo da pluralidade.

Samskara – Totalidade de impressões registradas na mente a partir de experiências desta e de vidas anteriores, que influencia a vida de um ser humano – sua natureza, ações, estados da mente etc. Também significa a bondade inata e o refinamento de caráter em cada pessoa, a disposição mental e as qualidades nobres que foram cultivadas no passado. Além disso, pode significar "cultura".

Sanatana Dharma – "A Religião Eterna", nome tradicional do hinduísmo.

Sannyasin – Monge ou monja que fez votos formais de renúncia (*sannyasa*). Um *sannyasin* tradicionalmente usa uma túnica de cor ocre, representando o fogo que elimina toda a consciência do corpo.

Satguru – Um mestre espiritual Auto-Realizado.

Satsang – *Sat* = Verdade, ser; *Sang* = associação com. Estar na companhia dos sábios e virtuosos; também significa uma palestra espiritual de um sábio ou erudito.

Shakti – "Poder". Energia essencial, fundamental do universo. Shakti é o nome da Mãe Universal, o aspecto dinâmico de *Brahman*.

Shiva – "O Auspicioso, o Gracioso, o Bondoso". Uma forma do Ser Supremo; o Princípio masculino; o aspecto de êxtase de *Brahman*. Também é o aspecto da Trindade hinduísta associado à destruição do universo, destruição daquilo que não é a Realidade.

Sita – A consorte de *Rama*. Na Índia, é considerada o ideal da feminilidade.

Tamas – Escuridão, inércia, apatia, ignorância. *Tamas* é uma das três *gunas* ou qualidades fundamentais da natureza.

Tapas – "Calor". Autodisciplina, austeridades, penitência e auto-sacrifício; práticas espirituais que "queimam" as impurezas da mente.

Tapasvi – Aquele que pratica *tapas* ou austeridades espirituais.

Tattva – Princípio filosófico.

Upadhi – Um meio, canal ou instrumento. A Amma freqüentemente usa esse termo para indicar os meios através dos quais o Infinito ou Deus é expresso no mundo manifestado.

Vasana – V*as* = vivente, remanescente. *Vasanas* são as tendências latentes ou desejos sutis dentro da mente que se manifestam como ações e hábitos. Resultam das impressões das experiências (*samskaras*) que existem no subconsciente.

Veda – "Conhecimento Superior", sabedoria. As escrituras antigas e sagradas do hinduísmo, em sânscrito, divididas em quatro partes: *Rig, Yajur, Sama e Atharva*. São consideradas as escrituras mais antigas do mundo e uma revelação direta da Verdade Suprema, vista ou experienciada pelos *Rishis* (videntes realizados) por volta de 5000 a.C.

Vedanta – A filosofia dos "Upanixades", a conclusão dos Vedas, que encerra a Verdade Última, que se traduz como o "Um sem o dois".

Vedantin – Pessoa que segue os caminhos do vedanta.

www.ingramcontent.com/pod-product-compliance
Lightning Source LLC
LaVergne TN
LVHW051547080426
835510LV00020B/2893